독해력
비타민
기초편

40회로
완성하는
독해력

초등국어
2단계

독해의 중요성

글이란?

글을 잘 읽으려면 '글'이 무엇인지 정확히 알아야 합니다.

글은 중심 내용을 지닌 문단들이 모여 이루어집니다.

문단은 중심 문장과 뒷받침 문장이 조화롭게 이어져

탄생합니다.

문장은 여러 낱말이 어우러져 만들어집니다.

독해란?

독해란 글을 읽어 뜻을 이해하는 활동입니다.

낱말의 뜻을 정확히 알고, 문장의 의미와

문단의 중심 내용을 이해한 뒤, 문단 간의 관계를

밝혀내면 글을 제대로 이해할 수 있습니다.

독해의 중요성

수학, 과학처럼 독해와 전혀 상관없을 듯한 과목에도

독해는 무척 중요합니다. 책을 읽어 개념을 이해하거나

문제를 풀기 위해서는 글을 읽고 해석하는 능력이 필요합니다.

그뿐 아니라, 텔레비전을 보거나 물건을 고르는 것 같은

사소한 일을 위해서도 독해는 필요합니다.

독해는 어떻게 해야 할까?

독해의 방법

글을 읽고 문제를 풀 때에는 통독과 정독이 필요합니다.

통독을 통해, 글을 훑으며 전반적인 내용과 주제를 파악합니다.

그리고 정독하면서 글의 구조, 문단의 내용, 문단 간의 관계,

표현 속에 담겨 있는 속뜻 등을 알아봅니다.

사실적 독해와 비판적 독해

본문의 내용을 읽으며 그 안에 담긴 정보를 이해하는

독해 방법이 '사실적 독해'입니다.

'비판적 독해'는 글의 내용이나 구성을 파악하면서

앞뒤의 흐름이나 내용의 타당성 등을 비판하는 독해 방법입니다.

적극적 독해

독해에서 가장 중요한 것은 적극성입니다. 적극적인 자세로

글을 읽으며, 글의 종류를 알아보고, 구조를 파악하며,

각 문단의 중심 생각을 알아내면 겉으로 드러난 뜻뿐 아니라,

그 안에 감추어진 의미까지 알아낼 수 있습니다.

독해력 비타민 기초편 구성

한 주에 5회씩 두 달 동안 학습하도록
40회로 구성하였습니다.

한 주차 안에도 비문학과 문학을
고루 배치하였습니다.
학습자가 다양한 글을 접할 수 있습니다.

3
추론

ⓒ의 빈칸에는 '역지사지(易地思之)'의 뜻이 들어갑니다. 가장 알맞은 것을 찾으세요.

① 착하게 살라는.
② 상대방과 처지를 바꾸어서 생각해 보라는.
③ 다른 사람을 위해 봉사하라는.
④ 집에 들어가지 말고 열심히 일하라는.
⑤ 백성을 사랑하라는.

문제의 출제 의도를 밝혀 두었습니다.
문제가 묻는 바를 익히는 과정입니다.

틀린 문제 유형을 확인할 수 있습니다.

그것을 보고 자신의 강점과 약점을 파악하여,

자기 주도 학습을 할 수 있습니다.

틀린 문제 유형에 표시하세요.

☐ 배경   ☐ 제목   ☐ 내용 파악   ☐ 추론   ☐ 적용   ☐ 배경지식

어휘력 기르기

7 문제 가운데 (　　) 문제 맞힘

1단계 다음 낱말과 그 낱말을 나타낸 그림을 찾아 선으로 이으세요.

(1) 굴절 •

(2) 반사 •

• ㉠

• ㉡

2단계 위에서 배운 낱말을 빈칸에 넣어 문장을 완성하세요.

(1) 막대기를 물에 넣으면 ☐☐ 되어 막대기가 휘어진 것처럼 보인다.

(2) 거울에 ☐☐ 된 내 모습은 왼쪽과 오른쪽이 반대로 보인다.

3단계 다음 뜻에 맞는 낱말을 빈칸에 넣어 십자말풀이를 하세요.

(1) 물이나 약품을 안개처럼 뿜어내는 도구.

(2) 피곤할 때에 몸을 쭉 펴고 팔다리를 뻗는 일.

(3) 공중에 떠 있는 물방울이 햇빛을 받아 나타나는, 반원 모양의 일곱 빛깔 줄.

본문에 쓰인 낱말이나 문법을 재학습합니다.

앞부분의 내용: 옛날 어느 마을에 몹시 게으른 사람이 살았다. 게으름뱅이는 일은 하지 않고 **온종일 빈둥빈둥** 놀면서 자기만 했다. 어느 날, 일하라는 아내의 **잔소리**가 듣기 싫어 집을 나온 게으름뱅이는 한 초가집 앞을 지나고 있었다.

나오는 인물: ㉠

막이 오르면, 초가집 마루에 앉은 노인이 나무를 깎아 무엇을 만들고 있다. 게으름뱅이 돌쇠는 그 모습을 보고 노인에게 다가간다.

돌쇠: 안녕하세요, 영감님? 지금 만들고 계신 건 뭐예요?
노인: (귀찮다는 듯) 보면 모르겠나? 소머리 탈이네.
돌쇠: 그걸 어디에 쓰려고 만드세요?
노인: 자네만 알게. 이걸 쓰면 일하기 싫어하는 사람에게 좋은 수가 생기네.
돌쇠: (눈을 동그랗게 뜨며) 좋은 수요? 어떤 일이 생기는데요?
노인: (돌쇠에게 가까이 오라는 손짓을 하며) 이 탈을 쓰면 손을 움직이지 않아도 편안히 먹고 살 수가 있다네.
돌쇠: 아이고, 영감님, 세상에 그런 게 어딨어요?
노인: (화를 내며) 아니, 이 사람이 속고만 살았나. 왜 사람 말을 못 믿어?
돌쇠: (손사래 치며) 아, 아닙니다. 믿습니다, 믿어요. 그러니까 이 탈을 쓰면 일하지 않고도 편안히 살 수 있다는 말씀이지요?
노인: 그렇지. 일도 안 하고 잠도 실컷 잘 수가 있다네.
돌쇠: 정말요?
노인: 아, 그렇다니까. 내 말이 못 **미덥거든** 지금 당장 이걸 한번 써 보게. (게으름뱅이에게 소머리 탈을 내민다.)

가능한 한 문학 작품의 전문을 실으려 노력하였습니다.

전문을 실을 수 없는 글은 학습자의 이해를 돕기 위해

앞뒤 내용을 요약하여 담았습니다.

차 례

　　신나는 음악 소리를 들으면 우리는 그 소리에 맞춰 어깨를 들썩거리거나 손발을 까딱거립니다. 음의 길고 짧음, 소리의 크고 작음 등이 반복되면 **리듬**이 만들어지는데, 그 리듬이 우리를 신나게 하기 때문입니다.

　　리듬을 만들어 내는 데에 쓰이는 악기를 '리듬 악기'라고 합니다. 두드려서 소리를 내는 '**타악기**'가 리듬 악기의 대부분을 차지합니다. 북, 탬버린, 봉고, 트라이앵글, 캐스터네츠, 젬베, 마라카스, 장구, 꽹과리, 소고, 징 등이 있습니다. 리듬 악기는 대부분 **멜로디**를 표현하지 못합니다. 하지만 음의 길고 짧음과 세고 여림으로 **박자**를 만들어 내는 데에는 **안성맞춤**입니다. 주로 **센박**을 치는 악기에는 큰북, 심벌즈 등이 있고, **여린박**을 치는 악기에는 작은북, 캐스터네츠 등이 있습니다.

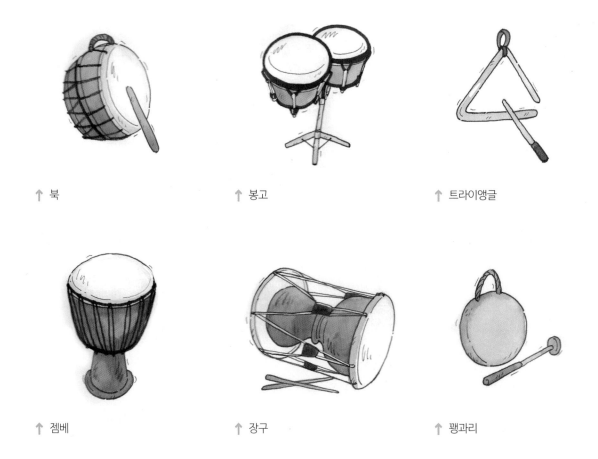

↑ 북　　　　↑ 봉고　　　　↑ 트라이앵글

↑ 젬베　　　　↑ 장구　　　　↑ 꽹과리

리듬 악기로만 하는 공연도 있습니다. 사물놀이에서는 꽹과리, 징, 장구, 북으로 우리 전통 리듬을 흥겹게 연주합니다. 배우들이 냄비, 도마, 프라이팬 등을 두드려서 신나는 리듬을 만들어 관객들의 흥을 **돋우는** 공연도 있습니다.

리듬 음의 길고 짧음이나 소리의 크고 작음이 반복될 때의 그 규칙적인 음의 흐름. rhythm   **타악기** 북, 장구처럼 두드려서 소리를 내는 악기. 打 칠 타 樂 음악 악 器 도구 기   **멜로디** 높낮이와 리듬을 가진 음의 흐름. melody   **박자** 센박과 여린박이 규칙적으로 일정한 사이를 두고 반복 되는 것. 拍 박자 박 子 아들 자.   **안성맞춤** 조건이나 상황이 어떤 일에 아주 적절하게 잘 맞음.   **센박** 한 마디 안에서 세게 연주하는 박자.   **여린박** 한 마디 안에서 센박 다음의 여린 박자.   **돋우는** 감정을 생겨나게 하는.

---

1 이 글에서 가장 중요한 말은 무엇인가요?

핵심어

① 리듬　　　　　② 악기　　　　　③ 사물놀이

④ 타악기　　　　⑤ 리듬 악기

2 다음 중 이 글에서 소개하지 <u>않은</u> 악기를 찾으세요.

내용
파악

①

②

③

④

⑤

3 리듬 악기에 대한 내용으로 옳지 <u>않은</u> 것을 고르세요.

① 리듬 악기는 대부분 멜로디를 잘 표현한다.

② 사물놀이는 리듬 악기로만 하는 공연이다.

③ 리듬 악기는 소리의 크고 작음으로 리듬을 만들어 내기에 좋다.

④ 리듬을 만들어 내는 데에 쓰이는 악기를 리듬 악기라고 한다.

⑤ 타악기가 리듬 악기의 대부분을 차지한다.

4 다음 중 리듬 악기에 대해 바르게 알고 있는 사람은 누구인가요?

① 하민: 나는 큰북으로 여린박을 연주할게.

② 소리: 나는 작은북을 맡았으니 센박을 연주할게.

③ 문주: 나는 심벌즈를 담당하니까 센박을 연주할게.

④ 태영: 나는 탬버린으로 높은음과 낮은음을 바꾸어 가며 연주할게.

⑤ 주현: 나는 트라이앵글을 갖고 있으니 멜로디를 연주할게.

5 가락 악기에 대한 설명입니다. 다음 글을 읽고 가락 악기가 <u>아닌</u> 것을 고르세요.

> 가락을 '선율' 또는 '멜로디'라고도 한다. 가락 악기는 높고 낮은 음들을 이어서 가락을 연주할 수 있는 악기다. 피아노·오르간처럼 건반을 두드리는 건반 악기, 첼로·가야금처럼 손으로 줄을 튕기거나 활로 켜서 소리를 내는 현악기, 단소·피리처럼 관 모양으로 생긴 악기를 입으로 불어서 소리를 내는 관악기 등이 가락 악기에 해당한다.
>
> *** 가락** 음들이 일정한 리듬에 따라 이어져 있는 것.

① 기타   ② 탬버린   ③ 리코더

④ 바이올린   ⑤ 실로폰

어휘력 기르기

1단계 다음 낱말의 뜻을 찾아 선으로 이으세요.

(1) 리듬 •

(2) 타악기 •

(3) 멜로디 •

• ㉠ 높낮이와 리듬을 가진 음의 흐름.

• ㉡ 두드려서 소리를 내는 악기.

• ㉢ 음의 길고 짧음이나 소리의 크고 작음이
반복될 때의 그 규칙적인 음의 흐름.

2단계 위에서 배운 낱말을 빈칸에 넣어 문장을 완성하세요.

(1) 꽹과리, 북, 장구, 징은 우리나라의 전통 [   ]다.

(2) 그 노래는 박자는 단순한데 [   ]가 복잡해서 부르기 어려워.

(3) 북과 탬버린은 [   ]을 잘 표현할 수 있는 악기다.

3단계 뜻이 서로 반대인 낱말끼리 짝지으세요.

(1) 길다 •

(2) 밝다 •

(3) 많다 •

(4) 크다 •

• ㉠ 작다

• ㉡ 짧다

• ㉢ 어둡다

• ㉣ 적다

사과를 먹었습니다.

빨간 사과를 실컷 먹었습니다.

위의 문장 가운데 어느 것이 더 자세하게 느껴지나요? '빨간'과 '실컷'이 들어간 두 번째 문장일 것입니다. 여기서 '빨간'은 '사과'를, '실컷'은 '먹었습니다'를 꾸며 주어 의미를 자세하게 표현합니다.

꾸며 주는 말은 모양이나 색깔, **성질**, **동작** 등을 자세히 나타내 줍니다. '둥근 해가 떴다.', '혁수는 파란 모자를 샀다.', '나는 열심히 공부했다.', '고양이가 높이 뛰었다.' 등의 문장에서 '둥근, 파란, 열심히, 높이' 등이 꾸며 주는 말입니다. ㉠ 이러한 말을 사용하면 말이나 글을 분명하고 생생하게 나타낼 수 있습니다.

① 문장에서 '무엇'처럼 쓰이는 말을 꾸미며, 주로 그 말 앞에 놓입니다.

노란 꽃(무엇)이 피었습니다.

'노란'이 '꽃'을 꾸며 주어, '어떤' 꽃인지 자세히 알 수 있습니다.

② '어떠하다', '어찌하다'처럼 쓰이는 말을 꾸미며, 주로 그 말 앞에 놓입니다.

유미가 활짝 웃었다(어찌하다).

'활짝'이 '웃었다'를 꾸며 주어, 유미가 '어떻게' 웃는지 잘 알 수 있습니다.

흉내 내는 말도 꾸며 주는 말에 속합니다. '새가 훨훨 날아갑니다.'와 '바람이 쌩쌩 붑니다.'라는 문장에서 '훨훨'과 '쌩쌩'은 소리나 모양을 흉내 내는 말로, 각각 '날아갑니다'와 '붑니다'를 꾸며 줍니다.

실컷 마음에 하고 싶은 대로 한껏.　　**성질** 사물이 지닌 특징. 性 성품 성 質 바탕 질　　**동작** 몸의 움직임. 動 움직일 동 作 지을 작

1 ㉠이 가리키는 말로, 이 글에서 가장 중요한 말을 쓰세요.

핵심어

☐ ☐ ☐ ☐ ☐

2 이 글의 내용과 <u>다른</u> 것을 고르세요.

내용
파악

① 흉내 내는 말은 꾸며 주는 말이 아니다.

② 꾸며 주는 말을 사용하면 글을 분명하게 나타낼 수 있다.

③ 꾸며 주는 말을 쓰면 더욱 생생한 느낌을 낼 수 있다.

④ 꾸며 주는 말은 '무엇'과 '어찌하다' 등을 꾸민다.

⑤ 꾸며 주는 말은 주로 꾸밈을 받는 말 앞에 놓인다.

3 다음 문장에서 꾸며 주는 말을 찾아 ○표 하세요. ⑷는 답이 두 개입니다.

적용

⑴ 둥근 해가 떴다.

⑵ 딸기가 무척 달콤하다.

⑶ 소민이는 일찍 일어난다.

⑷ 시원한 바람이 살랑살랑 불었다.

4 괄호 안에 꾸며 주는 말을 넣으려고 합니다. 어울리지 <u>않는</u> 것을 고르세요.

적용

┌───┐
│   세찬이가 (   ) 걸어갔다.   │
└───┘

① 빠르게   ② 천천히   ③ 훨훨

④ 힘차게   ⑤ 뚜벅뚜벅

5 밑줄 친 낱말이 '무엇'을 꾸며 준 문장에는 ○표, '어찌하다'를 꾸며 준 문장에는 △표 하세요.
○표는 모두 두 개입니다.

적용

(1) 꽃이 <u>활짝</u> 피었다. ( )

(2) 떡볶이를 <u>맛있게</u> 먹었다. ( )

(3) <u>귀여운</u> 강아지가 잠을 잔다. ( )

(4) 승찬이가 <u>헐레벌떡</u> 달려왔다. ( )

(5) <u>빨간</u> 고추잠자리가 하늘을 날아간다. ( )

6 다음은 예솔이가 쓴 일기입니다. 빈칸에 꾸며 주는 말을 알맞게 찾아 쓰세요.

적용

| 예쁜 | 쑥쑥 | 활짝 | 듬뿍 |

3월 9일 토요일 바람이 살랑살랑

꽃씨 심기

어머니와 함께 꽃씨를 심었다. 마당 한쪽에 땅을 파고 씨앗을 뿌렸다.

이렇게 작은 꽃씨가 자라서 꽃을 피운다고 생각하니 정말 신기했다. 흙으로 씨앗

을 덮고 나서 물을 (1) ☐☐ 주었다. 며칠 후면 싹이 파릇파릇 돋아날 거

라고 어머니께서 말씀해 주셨다. 새싹이 (2) ☐☐ 자라면 좋겠다. 그래서

(3) ☐☐ 꽃들이 마당에 (4) ☐☐ 피면 좋겠다.

어휘력 기르기

1단계 다음 낱말의 뜻을 찾아 선으로 이으세요.

(1) 성질 ●　　　　　　　　　　● ㉠ 몸의 움직임.

(2) 동작 ●　　　　　　　　　　● ㉡ 사물이 지닌 특징.

(3) 실컷 ●　　　　　　　　　　● ㉢ 마음에 하고 싶은 대로 한껏.

2단계 위에서 배운 낱말을 빈칸에 넣어 문장을 완성하세요.

(1) 승훈이는 재빠른 ☐☐ 으로 날아오는 공을 잡았다.

(2) 물과 기름은 ☐☐ 이 다르다.

(3) 아이스크림을 ☐☐ 먹었더니 배가 살살 아파 왔다.

3단계 다음 뜻에 알맞은 낱말을 쓰세요.

> **-감(感):** 어떤 낱말 뒤에 붙어 '느낌'의 뜻을 나타냅니다.

(1) 살아 움직이는 듯한 느낌. 　　　새 도 ☐

(2) 자신이 있다는 느낌. 　　　ㅈ ㅅ ☐

도서관은 여러 사람이 함께 이용하는 공공장소입니다. 이런 공공장소에서는 정해 놓은 규칙을 지켜야 합니다.

도서관에서는 돌아다니거나 떠들지 말아야 합니다. 마구 돌아다니거나 떠들어서 소음이 생기면 책을 읽는 사람들에게 방해가 됩니다. 따라서 자리에 앉아 조용히 책을 읽어야 합니다.

도서관에 있는 책은 여럿이 함께 보는 것이므로 조심히 다루어야 합니다. 재미로 **책장**을 구기거나 ㉠ 자신이 읽은 곳을 표시하기 위해 접으면 안 됩니다. 책장을 넘길 때에도 찢어지지 않게 신경 씁니다.

책을 읽고 나서는 아무 데나 두면 안 됩니다. 도서관의 수많은 책이 아무렇게나 꽂혀 있는 것 같지만 그렇지 않습니다. 책의 종류, 제목, 작가 등에 따라 정해진 방식으로 놓여 있습니다. 따라서 다 읽은 책은 읽기 전에 꽂혀 있던 곳에 정확히 꽂아 두거나 책 **수레**에 잘 올려놓아야 합니다.

차례차례 줄을 서서 규칙에 맞게 책을 빌려야 합니다. 학교 도서실에서 빌릴 때에는 도서 **대여** 관리장에 학년, 반, 이름, 책 번호, 책 이름 등을 또박또박 적습니다. 도서관에서 책을 빌리기 위해서는 회원으로 가입하고 회원증을 받아야 합니다. 빌리고 싶은 책과 회원증을 **사서** 선생님께 보여 드리면 책을 빌릴 수 있습니다. 빌릴 책을 예약할 수도 있습니다. 도서관 **누리집**에서 원하는 책을 찾아 '예약하기' 버튼을 누른 뒤, 도서관에 가서 책을 가지고 옵니다.

반납일을 꼭 지켜야 합니다. 제때 반납하지 않으면 그 책을 읽고 싶어하는 사람들이 불편을 겪기 때문입니다. 또 **연체**되면 자신이 다음에 빌리고 싶은 책을 제때 빌릴 수도 없습니다. 도서관이 열려 있을 때에는 그 책을 빌린 자료실에 가서 사서 선생님께 반납합니다. **휴관일**에는 도서관의 무인 도서 반납기에 책을 넣습니다.

책장 책을 이루고 있는 한 장 한 장. 冊 책 책 張 드러낼 장   **수레** 바퀴를 달아서 굴러가게 만든 기구.   **대여** 돈이나 물건을 나중에 돌려받기로 하고 빌려줌. 貸 빌릴 대 與 줄 여   **사서** 책을 맡아서 관리하는 직업이나 사람. 司 맡을 사 書 책 서   **누리집** 개인이나 단체가 인터넷을 통해 자료를 볼 수 있게 만든 것. 🄫 홈페이지   **반납일** 돌려주는 날짜. 返 돌이킬 반 納 보낼 납 日 날 일   **연체** 정한 날까지 약속을 지키지 못함. 延 늦춰질 연 滯 머무를 체   **휴관일** 도서관이나 미술관, 박물관 등이 일을 쉬는 날. 休 쉴 휴 館 집 관 日 날 일

---

1 글쓴이는 이 글을 왜 썼나요?

주제

① 도서관의 위치를 알리려고.

② 도서관 이용 방법을 설명하려고.

③ 도서관에서 책 빌리는 방법을 설명하려고.

④ 도서관에서 규칙을 지키자고 주장하려고.

⑤ 도서관에서 빌린 책을 제때 반납하자고 주장하려고.

2 다음 중 이 글에 담기지 <u>않은</u> 내용을 찾으세요.

내용
파악

① 도서관에서는 차례를 지켜 규칙에 맞게 책을 빌려야 한다.

② 도서관에서 책을 빌리려면 회원증이 있어야 한다.

③ 도서관에서는 돌아다니거나 떠들지 말아야 한다.

④ 도서관의 책은 찢거나 구기지 말아야 한다.

⑤ 반납일까지 책을 읽지 못했다면 반납일을 연장할 수 있다.

3 다음 중 ㉠에 필요한 도구는 무엇인가요?

배경
지식

① 책받침   ② 책상   ③ 책갈피

④ 책가방   ⑤ 책꽂이

4 다음 중 도서 대여 관리장에 적어야 하는 내용이 <u>아닌</u> 것을 찾으세요.

내용
파악

① 학년　　　　　　② 반　　　　　　③ 담임 선생님 이름

④ 책 번호　　　　　⑤ 책 이름

5 도서관이 쉬는 날에는 책을 어디에 반납해야 하나요?

내용
파악

도서관의 ☐☐　☐☐　☐☐☐

6 도서관에서 책을 빌리려고 합니다. 그 과정을 순서대로 쓰세요.

내용
파악

> ① 빌리고 싶은 책을 고른다.
>
> ② 책을 들고 도서관을 나선다.
>
> ③ 빌릴 책과 회원증을 사서 선생님께 보여 드린다.
>
> ④ 도서관에 가서 회원으로 가입하고 회원증을 받는다.

☐ → ☐ → ☐ → ☐

7 다음 중 도서관 이용 규칙을 가장 잘 지킨 사람은 누구인가요?

적용

① 손에 묻은 음료수를 책에 닦은 민재.

② 읽은 책을 어디에서 꺼냈는지 기억하지 못해 책 수레에 올려놓은 수현.

③ 자리에 앉아서 책을 읽으며 친구와 이야기하는 형규.

④ 나중에 다시 읽으려고 빌린 책의 한 장을 접어 놓은 재연.

⑤ 빌린 책의 반납일이 지나 자신이 갖기로 한 현희.

어휘력 기르기

1단계 다음 낱말의 뜻을 찾아 선으로 이으세요.

(1) 대여 •   • ㉠ 정한 날까지 약속을 지키지 못함.

(2) 사서 •   • ㉡ 책을 맡아서 관리하는 직업이나 사람.

(3) 연체 •   • ㉢ 돈이나 물건을 나중에 돌려받기로 하고 빌려줌.

2단계 위에서 배운 낱말을 빈칸에 넣어 문장을 완성하세요.

(1) 우리 마을은 동네 주민들에게 자전거를 ☐☐ 해 준다.

(2) 도서관에서 빌린 책을 ☐☐ 하면 한 달 동안은 다른 책을 빌릴 수 없다.

(3) ☐☐ 선생님께서 책을 책꽂이에 가지런히 꽂으셨다.

3단계 다음 뜻을 보고 빈칸에 '관'이 들어가는 낱말을 알맞게 쓰세요.

館 집 관	개관: 도서관, 영화관, 박물관 등을 처음 엶. 휴관: 도서관, 영화관, 박물관 등이 일을 쉼.

(1) "어린이 도서관이 오늘 ☐☐ 했대. 오후에 구경 가 보자."

(2) "오늘은 도서관이 ☐☐ 하는 날이야. 책을 빌려 볼 수 없어."

㉠ 강아지풀

강현호

풀숲에서
㉡ 귀여운 강아지를 만났다.

솜털같이 복슬복슬한
㉢ 꼬리를 살랑살랑

㉣ 요요요
요요요요
정답게 부르면

우리 집까지
따라올 것 같아
㉤ 자꾸만 숲길을 뒤돌아보았다.

솜털 부드럽고 가늘고 가벼운 털.　　**복슬복슬** 살이 찌고 털이 많아서 귀엽고 탐스러운 모양.　　**살랑살랑** 팔이나 꼬리 따위를 가볍게 자꾸 흔드는 모양.　　**정답게** 따뜻한 정이 있게.　　**숲길** 숲속에 나 있는 길.

1 이 시는 몇 연 몇 행으로 이루어졌나요?

구조

$\boxed{}$ 연 $\boxed{}$ 행

2 ㉡은 무엇인가요?

추론

① 귀엽게 생긴 강아지.

② 강아지처럼 생긴 바위.

③ 강아지처럼 귀엽게 생긴 큰 개.

④ 강아지 꼬리처럼 생긴 강아지풀.

⑤ 강아지처럼 귀엽게 생긴 어린이.

3 이 시에서 말하는 이가 ㉡ '귀여운 강아지'를 바라보는 마음이 드러난 말을 고르세요.

추론

① 풀숲에서   ② 솜털같이   ③ 정답게

④ 집까지   ⑤ 숲길을

4 ㉢ '꼬리를 살랑살랑'이 나타내는 의미로 가장 알맞은 것을 고르세요.

추론

① 강아지풀이 뽑혀 쓰러졌다.

② 강아지풀이 바람에 흔들렸다.

③ 강아지풀이 추위에 시들었다.

④ 강아지풀에 꼬리가 생겼다.

⑤ 강아지가 강아지풀을 물고 흔들었다.

5 ㉣의 의미는 무엇일까요?

추론

① 조그만 강아지야, 꼬리를 그만 흔들렴.

② 복슬복슬한 강아지야, 털이 너무 간지럽구나.

③ 가여운 강아지야, 길을 잃었니?

④ 귀여운 강아지야, 이리 와 보렴.

⑤ 무서운 강아지야, 우리 집까지 따라오면 안 돼.

6 ㉤과 바꾸어 쓸 수 <u>없는</u> 낱말을 고르세요.

어휘

① 계속   ② 거듭   ③ 가끔

④ 연거푸   ⑤ 연신

7 ㉠ '강아지풀'로 알맞은 사진을 고르세요.

배경
지식

①    ②    ③

④    ⑤

어휘력 기르기

1단계 다음 낱말들의 뜻을 알맞게 이으세요.

(1) 복슬복슬 •

(2) 살랑살랑 •

(3) 살금살금 •

• ㉠ 살이 찌고 털이 많아서 귀엽고 탐스러운 모양.

• ㉡ 팔이나 꼬리 따위를 가볍게 자꾸 흔드는 모양.

• ㉢ 남이 알아차리지 못하도록 조심스럽게 행동하는 모양.

2단계 다음 문장의 빈칸에 알맞은 낱말을 위에서 찾아 쓰세요.

(1) 나는 발소리를 내지 않고 동생에게 ☐☐☐☐ 다가갔다.

(2) 우리 집 강아지는 털이 ☐☐☐☐ 나서 귀엽다.

(3) 친구가 반갑게 손을 ☐☐☐☐ 흔들었다.

3단계 다음 설명을 읽고 비슷한 뜻을 가진 낱말을 고르세요.

(1) **정답게**: 따뜻한 정이 있게.

① 무섭게　　　　② 슬프게　　　　③ 다정하게

④ 섭섭하게　　　　⑤ 불친절하게

옛날, 어느 마을에 사이좋은 **형제**가 살았습니다. 가난했지만 콩 한 쪽도 나눠 먹을 만큼 형제는 **우애**가 깊었습니다. 어느 날, 형제는 먼 길을 떠나게 되었습니다. 산길을 걷다가 **아우**는 풀숲에서 반짝이는 것을 보았습니다.

"형님, 저기 반짝반짝 빛나는 게 보이세요?"

"그래, 보이는구나. 저게 무엇일까?"

아우가 풀숲으로 들어가 물건을 주웠습니다. 가까이서 보니 금으로 만든 구슬이었습니다. 아우는 깜짝 놀라 형에게 달려갔습니다.

"형님, **금구슬**이에요. 금구슬이 두 개이니 우리가 하나씩 나눠 가져요."

아우는 기쁜 마음으로 큰 것은 형에게 주고, 작은 것은 자신이 가졌습니다. 그러고는 다시 길을 떠났습니다. 그런데 아우는 왠지 조금씩 기분이 나빠졌습니다.

'형님만 없었으면 이 금구슬을 내가 다 차지했을 텐데⋯⋯.'

금구슬을 나눠 가진 뒤로 형제는 한마디 말도 하지 않았습니다.

그렇게 한참을 걸어 **나루터**에 이르렀습니다. 형제는 말없이 배에 올라탔습니다. 배가 강 가운데쯤 왔을 때였습니다. 아우가 갑자기 금구슬을 강물 속에 휙 던졌습니다. "풍덩" 소리를 내며 금구슬은 강물 속으로 사라졌습니다.

㉠ <u>"아우야, 그 귀한 금구슬을 왜 버렸어?"</u>

형은 눈이 **휘둥그레졌습니다.**

"금구슬이 생기고 나서부터 욕심이 생기고 형님이 자꾸 미워지지 뭐예요. 하지만 저에게는 **그깟** 금구슬보다 형님이 더 소중해요."

아우의 말을 들은 형도 금구슬을 꺼내어서 강물 속에 던져 버렸습니다.

"부끄럽구나, 아우야. 사실은 나도 금구슬을 보는 순간 욕심이 생겼단다. 그런데 이제 알겠구나. 나한테는 네가 가장 큰 보물이란다."

형제는 서로 손을 꼭 잡고 마주 보며 환하게 웃었습니다.

－ 전래 동화, 〈금구슬을 버린 형제〉

형제 형과 아우. 兄 형 형 弟 아우 제　　**우애** 형제나 친구 사이의 사랑. 友 벗 우 愛 사랑 애　　**아우** 형제 가운데 나이가 어린 사람. 🔵 동생　　**금구슬** 금으로 만든 구슬.　　**나루터** 작은 배가 닿거나 떠나는 곳. **휘둥그레졌습니다** 놀라거나 두려워 눈이 크고 둥그렇게 되었습니다.　　**그깟** '그까짓(겨우 그만한 정도 의)'의 준말.

---

1 이 글의 내용과 같은 것을 고르세요.

내용 파악

① 형제는 사이가 좋지 않았다.

② 형은 풀숲에서 금구슬을 주웠다.

③ 형이 먼저 금구슬을 강물에 버렸다.

④ 형이 작은 금구슬, 동생이 큰 금구슬을 가졌다.

⑤ 형제는 결국 금구슬을 두 개 모두 강물에 버렸다.

2 이 글을 바탕으로 연극을 하려고 합니다. ㉠은 어떤 목소리로 읽으면 좋을까요?

추론

① 놀란 목소리.　　　　　　② 신난 목소리.

③ 부드러운 목소리.　　　　④ 무서워하는 목소리.

⑤ 재미있어하는 목소리.

3 '형제나 친구 사이의 사랑'의 뜻을 지닌 낱말을 찾아 쓰세요.

어휘

4 동생이 금구슬을 버린 까닭은 무엇인가요?

내용
파악

① 금구슬이 너무 무거워서.

② 금구슬보다 형이 더 소중하다고 생각해서.

③ 형이 자신보다 큰 금구슬을 가진 게 화가 나서.

④ 금구슬을 가지고 있으면 나쁜 일이 생길 것 같아서.

⑤ 금구슬을 가지고 있으면 형이 자신을 미워할 것 같아서.

5 형제의 우애를 알 수 있는 말이나 행동이 아닌 것을 고르세요.

추론

① 형제는 콩 한 쪽도 나눠 먹는 사이였다.

② 아우는 기쁜 마음으로 큰 금구슬을 형에게 주었다.

③ "형님, 금구슬이에요. 금구슬이 두 개이니 우리가 하나씩 나눠 가져요."

④ 금구슬을 나눠 가진 뒤로 형제는 한마디 말도 하지 않았다.

⑤ "나한테는 네가 가장 큰 보물이란다."

6 이 글과 어울리지 않는 느낌이나 생각을 말한 사람을 고르세요.

감상

① 지은: 나도 이제부터 동생하고 사이좋게 지낼 거야.

② 서진: 아우를 따라 금구슬을 버리는 형의 모습에 감동받았어.

③ 주민: 금구슬을 버리고 우애를 택한 아우는 용기 있고 멋진 사람이야.

④ 도영: 금구슬보다 형이 소중하다고 말한 것으로 보아, 동생은 형을 무척 좋아하는 것 같아.

⑤ 은성: 형이 없었으면 자신이 금구슬을 다 차지했을 것이라고 생각한 것으로 보아, 동생은 원래 형을 싫어했던 것 같아.

어휘력 기르기

1단계 다음 낱말의 뜻을 찾아 선으로 이으세요.

(1) 형제   •

• ㉠ 작은 배가 닿거나 떠나는 곳.

(2) 차지   •

• ㉡ 형과 아우를 아울러 이르는 말.

(3) 나루터 •

• ㉢ 물건이나 공간 등을 자기가 가짐.

2단계 위에서 배운 낱말을 빈칸에 넣어 문장을 완성하세요.

(1) 사람들은 강을 건너려고 [   ] 에서 배를 기다렸다.

(2) 욕심쟁이 놀부와 착한 흥부는 [   ] 사이다.

(3) 은혜는 가위바위보에서 이겨서 예쁜 공책을 [   ] 했다.

3단계 설명을 읽고, 아래 문장의 빈칸에 알맞은 낱말을 쓰세요.

> **한참:** 시간이 꽤 지나는 동안.
>
> **한창:** 가장 무르익거나 활발한 때.

(1) 현태는 은성이가 오기를 [ ][ ] 기다렸다.

(2) 산에는 울긋불긋한 단풍이 [ ][ ] 이다.

이는 주로 음식을 씹는 일을 합니다. 이로 음식을 꼭꼭 씹어야 목으로 음식이 잘 넘어가고, 소화도 잘됩니다. 또 이가 있어야 말을 할 때에도 정확하게 **발음**할 수 있습니다. 이를 다른 말로 '치아'라고도 합니다.

아기가 태어났을 때에는 입 안에 이가 없습니다. 태어난 지 6개월이 지나면 이가 나오기 시작하는데 이것을 '젖니'라고 합니다. 아이가 세 살 정도 되면 젖니는 스무 개쯤 납니다. 젖니가 나기 시작하면 아기는 엄마의 젖을 **떼고**, 조금씩 음식을 씹어 먹습니다.

일곱 살쯤 되면 젖니가 빠지기 시작합니다. 그리고 그 자리에 새로운 이가 납니다. 이 과정을 '이갈이'라고 합니다. 열세 살이 되면 이는 모두 스물여덟 개가 됩니다. 이 이를 '간니' 또는 '영구치'라고 합니다. 위와 아래에 앞니가 4개씩, 송곳니가 2개씩, 어금니가 8개씩입니다. 위아래에 두 개씩 **사랑니**가 모두 나오면, 이는 모두 서른두 개가 됩니다. 간니는 평생을 사용하는 이로, 부러지거나 빠져도 새로 나지 않습니다.

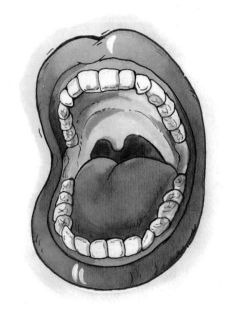

음식을 씹을 때, 이들은 각각 하는 역할이 다릅니다. 웃을 때 얼굴에서 가장 눈에 띄는 앞니는 음식을 가위처럼 자르고 끊습니다. **송곳**처럼 뾰족한 송곳니는 고기와 같은 질긴 음식을 찢어 줍니다. 입 안쪽에 있는 어금니는 단단한 음식을 **으깨어** 줍니다.

소화 먹은 음식물을 분해하여 영양분을 흡수하기 쉬운 형태로 변화시키는 일. 消 소화시킬 소 化 변화 화   **발음** 말소리를 내는 일. 또는 그 소리. 發 나타낼 발 音 소리 음   **떼고** 하던 일을 그치고.   **사랑니** 어금니가 다 난 뒤 성인이 될 때쯤 맨 안쪽 끝에 새로 나는 작은 어금니.   **송곳** 작은 구멍을 뚫는 데 쓰는 도구.   **으깨어** 눌러 잘게 부스러뜨려.

1 ‘이’를 다른 말로 무엇이라고 하나요? 이 글에서 찾아 쓰세요.

어휘

2 ‘젖니’가 빠진 자리에 새로 나는 이를 무엇이라 하나요?

어휘

☐☐ 또는 ☐☐☐

3 이 글에서 알 수 있는 내용이 <u>아닌</u> 것을 고르세요.

내용
파악

① 간니가 빠지면 그 자리에 새 이가 난다.

② 태어난 지 6개월이 지나 나오기 시작하는 이를 젖니라고 한다.

③ 일곱 살쯤 되면 젖니가 빠지기 시작한다.

④ 아기가 태어났을 때에는 입 안에 이가 없다.

⑤ 사랑니까지 4개가 다 나면 이는 모두 32개가 된다.

4 다음 문장을 읽고, 맞은 것에는 ○표, 틀린 것에는 X표 하세요. ○표는 모두 두 개입니다.

내용
파악

(1) 송곳니는 질긴 음식을 찢어 준다. ( )

(2) 앞니는 위아래 2개씩 모두 4개이다. ( )

(3) 송곳니는 위아래 4개씩 모두 8개이다. ( )

(4) 어금니는 단단한 음식을 잘게 으깨어 준다. ( )

(5) 열세 살이 되면 이는 모두 30개가 된다. ( )

5 처음 났던 이가 빠지고 그 자리에 새로운 이가 나는 과정을 무엇이라고 하나요?

내용
파악

☐ ☐ ☐

6 '침'과 '혀'가 하는 일을 바르게 짝지으세요.

배경
지식

(1) 침 •

• ⊙ 음식물을 굴려서 목구멍으로 넘긴다.
　음식의 맛을 느낀다.

(2) 혀 •

• ⓛ 음식물을 부드럽게 해 소화를 돕는다.
　입 안의 세균을 죽인다.

7 치아 관리 방법에 대한 설명입니다. 빈칸에 알맞은 낱말을 넣어 글을 완성하세요.

배경
지식

칼슘　　물　　탄산음료　　충치

벌레가 파먹은 것처럼 썩은 이를 (1) ☐ 라고 한다. 평소에 이를

잘 관리하면 이가 썩는 것을 예방할 수 있다. 우유와 치즈처럼 (2) ☐

이 많이 든 음식을 먹어 이를 튼튼하게 보호한다. 이에 붙어 있는 충치균이 씻겨 나

가도록 (3) ☐ 을 자주 마시는 것도 치아 관리에 도움이 된다. (4)

☐ 는 마시지 않는 것이 좋다.

1단계   다음 낱말에 알맞은 뜻을 찾아 줄로 이으세요.

(1) 소화 •

(2) 발음 •

• ㉠ 말소리를 내는 일. 또는 그 소리.

• ㉡ 먹은 음식물을 분해하여 영양분을 흡수하기 쉬운 형태로 변화시키는 일.

2단계   위에서 배운 낱말을 빈칸에 넣어 문장을 완성하세요.

(1) 밥을 급하게 먹었더니 ☐☐ 가 잘 안되었다.

(2) '나뭇잎'은 [나문닙]으로 ☐☐ 한다.

3단계   다음 설명을 읽고, 문장에 어울리는 낱말을 골라 동그라미 하세요.

> **부시다**: ① 빛이 너무 밝아서 눈을 뜨거나 바라보기 어렵다. (부시고, 부셨다, 부셔)
>
>   ② 그릇을 물로 씻다. (부시고, 부셨다, 부셔)
>
> **부수다**: 단단한 물체를 여러 조각이 나게 두드려 깨뜨리다. (부수고, 부쉈다, 부숴)

(1) 햇빛이 강해 눈이 (부시다 / 부수다).

(2) 헌 집을 (부시고 / 부수고) 새 집을 지었다.

(3) 흙덩이를 손으로 잘게 (부셨다 / 부쉈다).

(4) 우유를 마시고 나서 컵을 물로 (부셔 / 부숴) 놓았다.

함평 나비 대축제

"나비야, 꽃밭 위를 훨훨 날아라!"

싱그러운 꽃향기를 맡으며 나비들이 춤추는 봄입니다. 전라남도 함평에서, 봄을 알리는 나비와 꽃, 곤충을 한자리에서 만나 볼 수 있는 나비 대축제를 **개최**합니다.

함평 나비 대축제는 다양한 꽃과 나비 수만 마리가 어우러지는 아름다움을 볼 수 있는 소중한 기회입니다. 이번 축제에서는 다채로운 공연은 물론, 10여 개의 **전시장**을 통해 풍성한 볼거리를 제공합니다. **생태관**에서는 알에서부터 **애벌레**를 거쳐 나비가 되기까지의 과정을 볼 수 있습니다. 또, 곤충관에서는 세계 수천 마리의 나비를 만날 수 있습니다.

체험 행사도 준비되어 있습니다. 나비 날리기, 나비 · 곤충 **표본** 만들기, 나비 · 곤충 **모형** 만들기, **천연 염색**하기, **보리피리** 만들어 불기 등의 다채로운 행사를 체험할 수 있습니다.

봄바람을 따라 **날갯짓**하는 아름다운 나비도 감상하고, 재미있는 체험 행사도 즐기며, 함평 나비 대축제에서 화사한 봄을 **만끽**해 보시기 바랍니다.

- 일시: 20○○년 4월 29일(금) ~ 5월 8일(일)
- 장소: 함평 엑스포 공원
- **주최**: 함평군
- 행사 내용: – 꽃, 나비, 곤충을 소재로 한 전시 · 체험 행사
  - 나비, 곤충을 소재로 각종 체험 프로그램 운영
  - **친환경** 농 · 수 · 축산물 및 우수 **특산품** 전시, 판매

싱그러운 싱싱하고 향기로운.　**개최** 모임이나 행사 등을 여는 것. 開 열 개 催 열 최　**전시장** 물품 따위를 벌여 놓고 사람들에게 보이는 곳. 展 펼 전 示 보일 시 場 장소 장　**생태관** 생물이 살아가는 모습을 전시해 놓은 곳. 生 살 생 態 모양 태 館 건물 관　**애벌레** 알에서 나와 아직 다 자라지 않은 곤충.　**표본** 약품을 써서 동물, 식물 따위가 오래도록 썩지 않게 만든 것. 標 나타낼 표 本 근본 본　**모형** 어떤 것을 본떠서 만든 물건. 模 본뜰 모 型 모형 형　**천연 염색** 자연 그대로의 물질로 실이나 천 등을 물들이는 일. 天 자연 천 然 그러할 연 染 물들일 염 色 빛 색　**보리피리** 보리 줄기를 잘라서 만든 피리.　**날갯짓** 날개를 치는 짓.　**만끽** 만족할 만큼 느끼고 즐김. 滿 만족할 만 喫 먹을 끽　**주최** 모임이나 행사 같은 것을 맡아 준비하고 여는 것. 또는 그런 일을 하는 단체나 기관. 主 주관할 주 催 열 최　**친환경** 자연환경을 오염하지 않고 자연 그대로의 환경과 잘 어울리는 일. 親 친할 친 環 고리 환 境 지경 경　**특산품** 어느 지역에서 특별하게 생산되는 물품. 特 특별할 특 産 생산할 산 品 물건 품

1

주제

이 글을 쓴 목적은 무엇인가요?

① 나비의 성장 과정을 설명하려고.

② 전라남도 함평의 나비를 소개하려고.

③ 꽃과 나비를 보호하자고 주장하려고.

④ 함평 나비 대축제에 다녀온 걸 기록하려고.

⑤ 함평 나비 대축제가 열린다는 걸 알리려고.

2

내용
파악

이 글의 내용과 거리가 먼 이야기를 하는 사람은 누구인가요?

① 다은: 축제가 열흘 동안 열리는구나.

② 진혁: 이 축제에 다녀오면 나비의 일생을 알 수 있을 것 같아.

③ 수정: 나비의 성장 과정을 볼 수 있어서 기대돼.

④ 성현: 보리피리를 만들어 부는 체험을 해 보고 싶어.

⑤ 무열: 축제에서 나비 외의 곤충도 보고 싶은데 그럴 수 없어서 아쉬워.

3 이 글에 실리지 <u>않은</u> 내용은 무엇인가요?

① 행사 내용　　　　　　　　　② 행사 일시

③ 행사 장소　　　　　　　　　④ 예상 참여 인원

⑤ 행사 주최 단체

4 이 글에 소개되지 <u>않은</u> 체험 활동은 무엇인가요?

① 나비 날리기　　　　　　　　② 나비 노래 짓기

③ 천연 염색하기　　　　　　　④ 나비 표본 만들기

⑤ 곤충 모형 만들기

5 함평 나비 대축제에 다녀온 친구가 쓴 일기입니다. 빈칸을 채워 앞 글의 내용을 정리하세요.

4월 30일 토요일　해님이 방긋

나비와 봄나들이

　가족과 함께 나비 축제에 다녀왔다. 축제가 열린 장소는 (1) ☐☐ 엑스포 공원이었다. 가장 먼저 (2) ㅅ ㅌ ㄱ 으로 갔다. 수많은 나비가 꽃밭을 날고 있었다. 그곳에서 나비의 일생을 배웠다. 그리고 나비는 오염되지 않은 깨끗한 지역에서만 산다는 사실도 알았다. 표본관에는 세계의 나비 표본과 곤충 표본이 전시되어 있었다. 나비 종류가 많아서 깜짝 놀랐다. 나비를 하늘로 날려 보내는 '나비 날리기' 체험은 정말 재미있었다.

　축제는 (3) ☐ 월 (4) ☐ 일까지 한다. 곤충을 좋아하지 않는 사람도 축제장에 가면 예쁜 꽃을 볼 수 있고, 다양한 체험을 할 수 있어서 즐거울 것 같다.

어휘력 기르기

1단계 다음 낱말의 뜻을 찾아 선으로 이으세요.

(1) 날갯짓 •

(2) 전시장 •

(3) 특산품 •

• ㉠ 물품 따위를 벌여 놓고 사람들에게 보이는 곳.

• ㉡ 어느 지역에서 특별하게 생산되는 물품.

• ㉢ 날개를 치는 짓.

2단계 위에서 배운 낱말을 빈칸에 넣어 문장을 완성하세요.

(1) 비둘기가 □□□ 을 하더니 하늘로 날아올랐다.

(2) 오징어는 울릉도의 □□□ 이다.

(3) 장난감 □□□ 에서 세계 여러 나라의 장난감을 보았다.

3단계 뜻이 서로 비슷한 낱말끼리 짝지으세요.

(1) 개최하다 •

(2) 소중하다 •

(3) 체험하다 •

(4) 만끽하다 •

• ㉠ 귀중하다

• ㉡ 즐기다

• ㉢ 열다

• ㉣ 경험하다

이순신은 1545년에 서울에서 태어났습니다. 여덟 살 때, **외가**가 있는 충남 아산으로 이사하여 어린 시절을 보냈습니다. 글공부도 잘했지만, 전쟁놀이를 더 좋아하여 이순신은 성장하면서 **무관**이 되기로 결심하고 꿈을 키워 나갔습니다.

이순신은 서른두 살에 **무과** 시험에 합격하여 무관이 되었습니다. 낮은 **벼슬**부터 시작해 높은 자리까지 올라가는 동안 **오랑캐**를 무찌르는 공을 세우기도 했고, **모함**을 받아 벼슬자리에서 물러나기도 했습니다.

1591년, 마흔일곱에 **전라 좌수사**가 되었습니다. 일본이 우리나라에 쳐들어올 준비를 하던 때였습니다. **왜군**의 침략에 대비해 이순신은 무기를 준비하고, 군사들을 훈련하였습니다. 또 왜군을 물리치는 데에 큰 힘이 될 거북선을 만들게 하였습니다.

1592년 4월, 왜군이 우리나라를 공격해 왔습니다. **임진왜란**이 시작된 것입니다. 이순신의 **부대**는 왜군에 맞서 싸웠습니다. 같은 해 7월, 왜군은 많은 배를 이끌고 공격해 왔습니다. 이순신은 한산도 앞바다로 왜군을 **유인**했습니다. 그다음, 학이 날개를 펼친 모양으로 배들을 배치한 뒤 왜군의 배를 둘러싸 **전투**에서 승리하였습니다. 이듬해, 이순신은 경상도·전라도·충청도의 **수군**을 다스리는 삼도 수군 통제사가 되었습니다.

그러나 1597년, 이순신은 모함을 받아 28일 동안 감옥에 갇혔습니다. 그사이 일어난 전투에서 조선 수군은 거의 **전멸**하고 말았습니다. 결국, 이순신은 삼도 수군 통제사로 다시 임명되었습니다. 얼마 뒤, 왜군이 명량으로 공격해 왔습니다. 이순신은 폭이 좁고 물살이 빠른 곳으로 왜군을 끌어들였습니다. 그렇게 하여 배 13척으로 왜군의 배 133척을 물리쳤습니다.

이듬해, 임진왜란을 일으킨 일본의 장군 도요토미 히데요시가 죽었습니다. 그러자 왜군의 배 500여 척이 우리나라를 빠져나가려고 했습니다. 이순신은 노량 앞바다에서 **후퇴**하는 왜군을 공격하여 450여 척을 무찌르며 큰 승리를 거뒀습니다. 이 전투가 임진왜란 중 바다에서의 마지막

싸움입니다. 1598년에 일어난 이 전투 도중에 이순신은 왜군의 총에 맞아 숨을 거두었습니다.

외가 어머니의 부모나 형제 등이 사는 집. 外 외가 외 家 집 가   **무관** 옛날에, 군사 일을 맡아보던 관리. 武 무인 무 官 벼슬 관   **무과** 옛날에, 무관을 뽑으려고 치르던 시험. 武 무인 무 科 과목 과   **벼슬** 옛날에, 나랏일을 맡아보던 자리.   **오랑캐** 남의 나라에 함부로 쳐들어가는 침략자.   **모함** 나쁜 꾀로 남을 어려운 처지에 빠지게 하는 것. 謀 꾀 모 陷 빠뜨릴 함   **전라 좌수사** 전라도 왼쪽 바닷가 지역을 지키는 군대를 다스리는 사람. 全 온전할 전 羅 벌일 라 左 왼 좌 水 물 수 使 벼슬 이름 사   **왜군** 일본군을 얕잡아 이르는 말. 倭 왜나라 왜 軍 군사 군   **임진왜란** 조선 선조 때인 1592년부터 1598년까지 일본이 우리나라를 쳐들어와서 일어난 전쟁. 壬 북방 임 辰 별 진 倭 왜나라 왜 亂 어지러울 란   **부대** 조직을 이룬 군인 집단. 部 때 부 隊 무리 대   **유인** 주의나 흥미를 일으켜 꾀어내는 것. 誘 꾈 유 引 끌 인   **전투** 무기를 가지고 적과 맞서 싸우는 것. 戰 싸울 전 鬪 싸울 투   **수군** 조선 시대에, 바다에서 나라를 지키던 군대. 水 물 수 軍 군사 군   **전멸** 모두 죽거나 망해 없어짐. 全 모두 전 滅 멸망할 멸   **후퇴** 뒤로 물러남. 後 뒤 후 退 물러날 퇴

1

인물

누구에 관한 이야기입니까?

□□□

2

내용
파악

이 글의 내용과 다른 것을 고르세요.

① 이순신은 문관이 되었다.

② 이순신은 모함을 받아 감옥에 갇힌 적이 있다.

③ 임진왜란을 일으킨 사람은 도요토미 히데요시다.

④ 이순신은 경상도 · 전라도 · 충청도의 수군을 모두 다스렸다.

⑤ 이순신이 감옥에 갇혀 있는 동안 조선 수군은 전투에서 거의 전멸했다.

3 ‘임진왜란’은 ‘임진년에 왜인(일본 사람)들이 일으킨 난리’라는 뜻입니다. 7년 동안 이어진 이 전쟁의 기간을 앞 글에서 찾아 쓰세요.

_{내용 파악}

_____ 년부터 _____ 년까지

4 다음은 이순신 장군의 3대 대첩(큰 승리)에 관한 내용입니다. 빈칸을 채우세요.

_{적용}

한산도 대첩 (1592. 7. 8.)	한산도 앞바다에서 왜군을 크게 무찌른 전투. (1) (　　　　)이 날개를 펼친 모양으로 배를 위치시켜 승리하였다.
명량 대첩 (1597. 9. 16.)	명량에서 이순신이 배 (2) (　　　　)척으로 일본군의 배 133척을 무찌른 전투.
노량 해전 (1598. 11. 19.)	노량 앞바다에서 왜군을 쳐부순 전투로, 임진왜란 중 바다에서의 마지막 싸움이다. 이 전투에서 이순신은 왜군의 (3) (　　　　)에 맞아 죽었다.

5 다음은 무엇에 관한 설명인가요?

_{배경 지식}

　　임진왜란을 치르는 7년 동안 이순신 장군이 쓴 일기다. 장군의 마음가짐, 전투의 결과, 백성들의 어려운 상황 등이 자세히 기록되어 있다. 개인적인 기록이지만 국보로 지정될 정도로 역사적 가치를 높이 평가받는다.

* **국보** 나라에서 지정하여 보호하는 문화재.

① 그림일기　　　　② 관찰 일기　　　　③ 난중일기
④ 감상 일기　　　　⑤ 전투 일기

어휘력 기르기

1단계 다음 낱말의 뜻을 찾아 줄로 이으세요.

(1) 전투 •

(2) 유인 •

(3) 모함 •

• ㉠ 나쁜 꾀로 남을 어려운 처지에 빠지게 하는 것.

• ㉡ 주의나 흥미를 일으켜 꾀어내는 것.

• ㉢ 무기를 가지고 적과 맞서 싸우는 것.

2단계 위에서 배운 낱말을 빈칸에 넣어 문장을 완성하세요.

(1) 이순신은 [   ][   ] 을 받아 벼슬자리에서 쫓겨났었다.

(2) 이순신은 한산도 앞바다로 왜군의 배를 [   ][   ] 했다.

(3) 이순신은 왜군과의 [   ][   ] 에서 모두 승리하였다.

3단계 다음 뜻에 알맞은 낱말을 빈칸에 넣어 십자말풀이를 하세요.

(1) 일본군을 얕잡아 이르는 말.

(2) 조선 시대에, 바다에서 나라를 지키던 군대.

(3) 어떤 물건을 전문적으로 모으는 사람.

(4) 어머니의 부모나 형제 등이 사는 집.

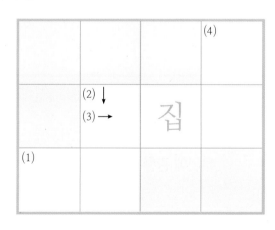

나물 노래

전래 동요

들에 가면 **들나물**
새봄이라 봄 냉이
쑥쑥 뽑아 쑥 나물

참기름에 참비름
나리나리 미나리
꼬불꼬불 고사리

살살 **달래라** 달래
말랑말랑 말냉이
질경질경 질경이

나물 사람이 먹을 수 있는 풀이나 채소. 또는 그것으로 만든 반찬.   **들나물** 들에서 나는 나물.   **새봄** 겨울을 보내고 맞이하는 첫봄.   **꼬불꼬불** 이리 저리로 휘어지는 모양.   **달래라** 기분을 맞추어 가면서 남의 슬픔, 고통 등을 가라앉혀라.   **말랑말랑** 야들야들하게 보드랍고 물렁한 느낌.   **질경질경** 질긴 것을 계속해서 자꾸 씹는 모양.

1

핵심어

무엇에 관한 노래인가요?

☐ ☐

2

이 노래를 읽고 머릿속에 떠올린 장면으로 가장 알맞은 것을 고르세요.

① 들에서 나무를 자르는 장면.

② 산을 오르는 장면.

③ 들에서 여러 나물을 캐는 장면.

④ 밭에서 식물의 씨앗을 심는 장면.

⑤ 강에서 물놀이하는 장면.

3

이 시에 나오지 않은 나물을 고르세요

① 미나리

② 콩나물

③ 말냉이

④ 고사리

⑤ 질경이

4

이 노래를 읽고 느낀 점을 가장 알맞게 말한 사람은 누구인가요?

① 효정: 각 행의 글자 수가 똑같아서 지루해.

② 중훈: 나물의 맛이 느껴지는 듯해.

③ 미리: 나물의 이름을 재미있게 나타냈어.

④ 강현: 반복되는 말이 있어 딱딱한 느낌이 들어.

⑤ 제니: 나는 나물을 싫어해. 고기가 좋아

5 나물의 무엇을 이용해 이 노래를 만들었나요?

내용
파악

① 나물의 맛.　　　　　　　　　② 나물의 가격.

③ 나물의 생김새.　　　　　　　④ 나물이 자라는 곳.

⑤ 나물 이름.

6 나물의 이름과 소리가 비슷한 낱말을 짝지으세요.

내용
파악

(1) 고사리　●　　　　　　　　　●　㉠ 질겅질겅하다.

(2) 말냉이　●　　　　　　　　　●　㉡ 말랑말랑하다.

(3) 질경이　●　　　　　　　　　●　㉢ 꼬불꼬불하다.

7 아래 전래 동요와 '나물 노래'의 비슷한 점이 <u>아닌</u> 것을 고르세요.

추론

> 나무나무 무슨 나무 / 십 리 절반 오리나무 / 아흔아홉 백양나무
>
> 가다 보니 가닥나무 / 오다 보니 오동나무 / 따끔따끔 가시나무
>
> 바람 솔솔 솔나무 / 방귀 뀌는 뽕나무 / 입 맞추자 쪽나무
>
> 낮에 봐도 밤나무 / 나무나무 무슨 나무
>
> － 전래 동요, 〈나무 노래〉

① 표현이 재미있다.

② 흉내 내는 말을 사용했다.

③ 옛날부터 전해 내려오는 노래다.

④ 나물이나 나무의 생김새를 자세히 설명했다.

⑤ 나물이나 나무의 이름을 재미있게 풀이했다.

어휘력 기르기

1단계 다음 낱말의 뜻을 찾아 줄로 이으세요.

(1) 말랑말랑 •

(2) 꼬불꼬불 •

(3) 질경질경 •

• ㉠ 질긴 것을 계속해서 자꾸 씹는 모양.

• ㉡ 이리 저리로 휘어지는 모양.

• ㉢ 야들야들하게 보드랍고 물렁한 느낌.

2단계 위에서 배운 낱말을 빈칸에 넣어 문장을 완성하세요.

(1) 우리 집 강아지 털이 라면처럼 [   ] 하다.

(2) 할머니께서는 이가 약하셔서 [   ] 한 떡을 좋아하신다.

(3) 찬수는 마른 오징어를 [   ] 씹었다.

3단계 설명을 읽고, 아래 문장에 알맞은 낱말을 쓰세요.

> 들: 평평하고 넓게 트인 땅.
>
> 뜰: 집 안에 있는 빈 땅.

(1) 우리 집 [   ] 에 상추와 고추를 심어 놓았다.

(2) 산 너머에 있는 [   ] 에는 신기한 꽃들이 많이 자란다.

옛날에 최 **서방**과 **구두쇠 영감**이 한마을에 살았습니다.

어느 날, 최 서방이 구두쇠 영감의 국밥집 앞을 지나고 있었습니다. 최 서방은 국밥 냄새를 맡고는 **군침**을 삼켰습니다.

'아, 냄새 좋다. 국밥 참 맛있겠다.'

구두쇠 영감은 그 모습을 보고는 **괘씸하다고** 생각했습니다.

"어때? 국밥 냄새 좋지? 냄새를 맡았으니 돈을 내게."

최 서방은 기가 막혔습니다.

"그게 무슨 말씀입니까? 냄새 맡은 값을 내라고요?"

"냄새를 맡았으니 국밥을 먹은 것과 마찬가지네. 그러니 당연히 돈을 내야지."

최 서방은 어이가 없었습니다. 하지만 곧 좋은 생각이 떠올랐습니다.

"알겠습니다."

최 서방이 돈주머니를 꺼내어 구두쇠 영감 귀 옆에서 흔들었습니다.

"이 소리 들으셨지요?"

"**엽전** 소리 말인가? 소리야 당연히 들었지."

"그러면 저는 이만 가겠습니다."

구두쇠 영감은 최 서방을 불렀습니다.

"㉠ 그게 무슨 말인가? 어서 냄새 값을 내게."

"엽전 소리를 들으셨으니 엽전을 받은 것과 마찬가지지요."

주변 사람 모두 웃음을 터뜨렸습니다. ㉡ 구두쇠 영감의 얼굴은 빨개졌습니다.

– 전래 동화, 〈냄새 맡은 값〉

서방 벼슬 없는 사람의 성 뒤에 붙여 이르는 말. 書 글 서 房 방 방　　**구두쇠** 돈이나 재산을 지나치게 아끼는 사람.　　**영감** 나이가 많은 남자를 이르는 말. 令 남 영 監 볼 감　　**군침** 무엇을 먹고 싶어서 입안에 도는 침.　　**괘씸하다고** 남에게 예절에 어긋난 짓을 당하여 분하고 밉다고.　　**엽전** 옛날에 사용하던 동전. 葉 잎 엽 錢 돈 전

1 이 글은 '전래 동화'입니다. 다음 중 전래 동화의 특징을 찾으세요.

글의
종류

① 연과 행으로 이루어져 있다.

② 옛날부터 전해 내려오는 이야기다.

③ 그날 겪은 일을 그날 적은 글이다.

④ 상대방이 모를 만한 것을 쉽게 설명하는 글이다.

⑤ 자신의 주장을 상대방에게 설득하기 위해 쓴 글이다.

2 다음 중 이 글의 내용과 같은 것을 찾으세요.

내용
파악

① 최 서방은 구두쇠 영감의 옆 마을에 산다.

② 최 서방은 구두쇠 영감의 국밥집에서 국밥을 먹었다.

③ 구두쇠 영감은 돈을 받지 않고 최 서방에게 국밥을 주었다.

④ 구두쇠 영감은 최 서방에게 국밥 냄새 맡은 값을 달라고 했다.

⑤ 최 서방이 돈을 주지 않아 주변에 있던 사람들이 최 서방을 비난했다.

3 이 글로 역할극을 하려고 합니다. 밑줄 친 ㉠을 어떻게 읽어야 할까요?

추론

① 어이가 없는 듯 화를 내며 읽는다.

② 부탁하듯이 예의 바르게 읽는다.

③ 설명하듯 친절하게 읽는다.

④ 궁금함을 참을 수 없는 듯 간절하게 묻는다.

⑤ 자신의 잘못을 들킨 듯 수줍게 읽는다.

4 최 서방은 왜 구두쇠 영감에게 엽전 소리를 들려 주었나요?

추론

① 구두쇠 영감이 돈을 좋아해서.

② 자신에게 돈이 많은 것을 자랑하려고.

③ 자신에게 돈이 얼마 없는 것을 구두쇠 영감에게 알리려고.

④ 구두쇠 영감의 욕심과 어리석음을 깨닫게 해 주려고.

⑤ 이미 구두쇠 영감에게 돈을 줬다는 사실을 확인하려고.

5 이 글 속 등장인물의 특징을 하나씩만 바르게 짝지으세요.

추론

(1) 최 서방 •

(2) 구두쇠 영감 •

• ① 똑똑하고 부끄러움이 많다.

• ② 욕심이 많다.

• ③ 남을 배려하는 마음이 크다.

• ④ 꾀가 많고 영리하다.

6 ㉡에 담긴 구두쇠 영감의 기분으로 옳지 <u>않은</u> 것을 찾으세요.

추론

① 최 서방에게 할 말이 없어서 답답하다.

② 주변 사람들이 비웃는 것 같아 창피하다.

③ 모두가 자신을 쳐다보는 것 같아 흐뭇하다.

④ 자신의 욕심 때문에 망신을 당하여 부끄럽다.

⑤ 최 서방과 한 말싸움에서 져서 기분이 나쁘다.

1단계　아래 낱말에 알맞은 뜻을 찾아 바르게 짝지으세요.

(1) 서방　　●

(2) 영감　　●

(3) 구두쇠　　●

●　㉠ 돈이나 재산을 지나치게 아끼는 사람.

●　㉡ 벼슬 없는 사람의 성 뒤에 붙여 이르는 말.

●　㉢ 나이가 많은 남자를 이르는 말.

2단계　위에서 배운 낱말을 빈칸에 넣어 문장을 완성하세요.

(1) "젊은 나이에 큰돈을 벌다니, 정 [　　　　　]은 참 대단해."

(2) 스크루지는 돈을 너무 아껴서 [　　　　　] 라고 불린다.

(3) 옆집 [　　　　　] 님은 연세가 많으셔서 소리를 잘 못 들으신다.

3단계　다음 사진과 설명에 알맞은 낱말을 앞 글에서 찾아 쓰세요.

(1) 옛날에 사용하던 동전. 둥글고 납작하며
　　가운데에 네모난 구멍이 있다.

[　][　]

사람은 주로 방바닥이나 침대에 누워서 잡니다. 동물들은 집을 짓고 그 안에서 웅크리고 자는 경우가 많습니다. 하지만 여러 이유로 특이하게 자는 동물들이 있습니다.

두루미, 황새 같은 새들은 물가에서 독특한 자세로 잡니다. 이 새들은 잘 때에 다리 하나로 섭니다. 나머지 다리 하나는 접어 **깃털** 속에 넣습니다. 또 부리는 몸통과 날개 사이에 넣고 잡니다. 이 모두는 몸의 열을 잃지 않으려는 행동입니다.

말과 기린 같은 동물은 네 발로 서서 잡니다. 동물원처럼 **천적**이 없는 곳에서는 눕거나 앉아서 자기도 합니다. 하지만 자연환경에서는 천적이 언제 다가올지 모르기 때문에 서서 잡니다. **포식자**가 가까이 오면 빨리 도망가기 위해서입니다.

포유류 가운데 가장 느린 두발가락나무늘보도 매우 신기하게 잡니다. 두발가락나무늘보는 대변을 볼 때를 빼고 대부분 나무 위에서 지냅니다. 잠도 나무에서 잡니다. 나무를 안거나 나뭇가지에 앉은 상태뿐 아니라, 나뭇가지에 매달린 채로도 잘 수 있습니다. 금방이라도 땅으로 떨어질 것 같지만, 발가락에 튼튼한 **갈고리발톱**이 있어 힘을 주지 않고도 나뭇가지에 매달려 잘 수 있습니다.

곰, 개구리 같은 동물들은 추운 겨울이 오면 동굴이나 땅속 등에서 **겨울잠**을 잡니다. 겨울잠을 자면 몇 개월 동안 음식을 먹지 않고도 버틸 수 있습니다. 이와 반대로, **여름잠**을 자는 동물도 있습니다. 달팽이나 사막에 사는 방울뱀은 더운 여름을 잠으로 납니다. 달팽이는 날씨가 덥거나 건조해지면 그늘진 곳에 달라붙어 여름잠을 잡니다. 몸이 마르지 않도록 껍데기 입구에 **막**을 만든 뒤 움직이지 않습니다. 그러다 날씨가 시원해지거나 비가 와 습기가 많아지면 움직이기 시작합니다.

이 외에도 동물들은 저마다 **생존**에 유리한 방식으로 잠을 자며 살아가고 있습니다.

깃털 새의 몸을 덮고 있는 털.　　**천적** 어떤 동물에 있어 그 동물을 잡아먹는 동물. 天 자연 천 敵 맞설 적
포식자 다른 동물을 잡아먹는 동물. 捕 잡을 포 食 먹을 식 者 것 자　　**포유류** 대부분 허파로 숨을 쉬며, 새
끼를 낳고 암컷이 젖을 먹여 키우는 동물. 哺 먹일 포 乳 젖 유 類 종류 류　　**갈고리발톱** 갈고리(끝이 뾰족
하고 꼬부라진 물건) 모양으로 생긴 발톱.　　**겨울잠** 겨울이 되면 동물이 활동을 멈추고 땅속 등에서 겨울
을 보내는 일.　　**여름잠** 더운 지방에서 일부 동물이 여름철의 더위나 건조함을 피하기 위해 여름철에 일
정 기간 자는 일.　　**막** 물건의 겉을 덮은 얇은 물질. 膜 꺼풀 막　　**생존** 살아 있음. 生 살 생 存 있을 존

1

제목

이 글의 제목을 지으려고 합니다. 빈칸에 가장 어울리는 낱말을 고르세요.

```
┌─────────────────────────────────┐
│      ┌──────────────┐           │
│      │              │  자는 동물들  │
│      └──────────────┘           │
└─────────────────────────────────┘
```

① 평범하게　　　　② 위험하게　　　　③ 안전하게

④ 특이하게　　　　⑤ 오랫동안

2

내용
파악

이 글에서 자는 모습이 구체적으로 나타나지 <u>않은</u> 동물은 무엇인가요?

① 두루미　　　　② 말　　　　③ 달팽이

④ 두발가락나무늘보　　　　⑤ 방울뱀

3

내용
파악

겨울잠을 자는 동물과 여름잠을 자는 동물을 이 글에서 찾아 모두 쓰세요.

(1) 겨울잠을 자는 동물	(2) 여름잠을 자는 동물

4 다음 동물과 비슷한 방식으로 자는 동물의 이름을 앞 글에서 찾아 쓰세요.

적용

박쥐는 다리에 근육이 없고 힘줄만 있다. 그래서 땅 위를 제대로 걷지 못한다. 대신 발톱이 갈고리처럼 생겨서 어디든 거꾸로 매달릴 수 있다. 그래서 박쥐는 나뭇가지나 동굴 천장에 매달려 잔다.

5 다음 동물들의 이름과 모습을 선으로 바르게 이으세요.

배경
지식

(1)   **두루미**   •

  • ㉠

(2)   **황새**   •

  • ㉡

(3)   **두발가락
나무늘보**   •

  • ㉢

(4)   **방울뱀**   •

  • ㉣

1단계 다음 낱말의 뜻을 찾아 선으로 이으세요.

(1) 천적 •

(2) 사막 •

(3) 생존 •

• ㉠ 비가 거의 내리지 않아 식물이 자라지 못하는 지역.

• ㉡ 살아 있음.

• ㉢ 어떤 동물에 있어 그 동물을 잡아먹는 동물.

2단계 위에서 배운 낱말을 빈칸에 넣어 문장을 완성하세요.

(1) 쥐의 ☐☐ 은 고양이다.

(2) 환경이 파괴되어 동물들의 ☐☐ 이 어려워지고 있다.

(3) 낙타는 ☐☐ 에서도 물을 마시지 않고 오래 버틸 수 있다.

3단계 다음 뜻에 알맞은 낱말을 빈칸에 넣어 십자말풀이를 하세요.

(1) 대부분 허파로 숨을 쉬며, 새끼를 낳고 암컷이 젖을 먹여 키우는 동물.

(2) 다른 동물을 잡아먹는 동물.

(3) 언니와 여동생 사이.

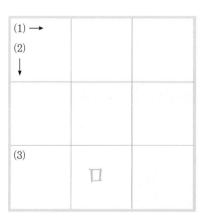

마을이란 사람들이 함께 어울려 생활하는 곳입니다. 마을의 종류에는 도시, 농촌, 어촌 등이 있습니다. 마을은 주변 환경에 따라 모습과 사람들의 생활 방식이 다르게 나타납니다.

도시는 많은 사람이 모여 정치, 경제, 문화의 중심을 이루며 사는 마을입니다. 그래서 아파트, 빌라 같은 공동 **주택**이나 **공공건물**, 주민 **편의** 시설들이 많이 있습니다. 지하철이나 버스 같은 대중교통도 잘 갖추어져 있습니다. 또 도시는 차들이 많이 다니기 때문에 길이 넓습니다. 도시의 사람들은 사무직, 서비스업, 제조업 등 다양한 직업을 가지고 살아갑니다.

농촌은 농사를 짓는 사람이 많이 사는 마을입니다. 주로 **평야** 지역에 논과 밭을 **일구어** 살아갑니다. 농촌에 사는 사람들은 논에서 벼농사를 짓거나, 밭에서 여러 가지 채소를 **재배**합니다. 밭에 비닐하우스를 지어 다양한 과일, 꽃 등을 재배하기도 합니다. 농촌에서는 넓은 마당이나 창고에 농기구나 농작물을 보관하는 모습을 볼 수 있습니다.

어촌은 **어업**을 하며 살아가는 사람이 많은 마을입니다. 어촌은 배가 드나들기 좋은 곳에 있습니다. 어촌에는 배의 출입을 돕기 위해 **부두**, **등대**, **방파제** 등이 설치되어 있습니다. 어촌 사람들은 바다에서 고등어, 꽁치, 갈치 같은 생선을 잡을 뿐 아니라 김, 미역, 조개 같은 다양한 수산물을 **채취**하거나 **양식**을 합니다. 일부 지역에서는 **염전**에서 소금을 만들거나 논과 밭에서 농사를 짓기도 합니다. 또 해수욕장이나 갯벌 등을 활용하여 관광지로 개발합니다.

주택 사람이 들어가 살 수 있게 지은 건물. 住 살 주 宅 집 택   **공공건물** 국민 모두가 이용할 수 있게 만든 건물. 公 여럿 공 共 함께 공 建 세울 건 物 물건 물   **편의** 편하고 좋음. 便 편할 편 宜 좋을 의   **평야** 땅이 평평하고 넓게 펼쳐진 들. 平 평평할 평 野 들 야   **일구어** 논밭을 만들기 위해 땅을 갈아엎어.   **재배** 식물을 심어 가꿈. 栽 심을 재 培 기를 배   **어업** 돈을 벌 목적으로 물고기, 조개, 김, 미역 따위를 잡거나 기르는 일. 漁 고기 잡을 어 業 일 업   **부두** 배를 대어 사람과 짐이 육지로 오르내릴 수 있도록 만들어 놓은 곳. 埠 부두 부 頭 머리 두   **등대** 바닷가나 섬 같은 곳에 탑 모양으로 높이 세워 밤에 다니는 배에 길이나 위험한 곳 따위를 알려 주려고 불을 켜서 비추는 시설. 燈 등 등 臺 대 대   **방파제** 파도를 막기 위하여 항만(배가 안전하게 머물 수 있고, 사람과 짐을 육지에 오르내리기 쉽게 만든 곳)에 흙 등을 쌓아 만든 언덕. 防 막을 방 波 물결 파 堤 둑 제   **채취** 풀, 나무, 광석 따위를 찾아 베거나 캐어 얻어 냄. 採 캘 채 取 가질 취   **양식** 물고기 등을 사람의 힘으로 길러서 그 수를 늘리는 것. 養 기를 양 殖 불릴 식   **염전** 소금을 만들기 위하여 바닷물을 끌어 들여 논처럼 만든 곳. 鹽 소금 염 田 밭 전

1

핵심어

이 글에서 가장 중요한 낱말을 고르세요.

① 환경   ② 도시   ③ 직업

④ 마을   ⑤ 농촌

2

주제

이 글을 쓴 까닭은 무엇인가요?

① 마을이 발전하는 과정을 설명하려고.

② 서로 다른 마을의 모습을 설명하려고.

③ 사람들이 농촌에서 도시로 이동하는 이유를 설명하려고.

④ 농촌에서 벼농사를 짓는 방법을 설명하려고.

⑤ 갯벌을 관광지로 개발한 어촌을 소개하려고.

3

어휘

다음 직업과 그 뜻을 바르게 짝지으세요.

(1)   **사무직**   •

• ㉠   물품을 대량으로 만드는 일.

(2)   **서비스업**   •

• ㉡   주로 책상에서 문서 등을 다루는 일.

(3)   **제조업**   •

• ㉢   물건을 필요한 곳으로 나르고 판매하는 등의 일.

4

내용
파악

도시에 대한 설명으로 올바른 것을 고르세요.

① 사는 사람은 적지만 정치, 경제, 문화의 중심을 이루며 사는 마을이다.

② 공동 주택이나 공공건물, 주민 편의 시설이 적다.

③ 지하철이나 버스 같은 대중교통이 잘 갖추어져 있지 않다.

④ 차들이 많이 다녀서 길이 넓다.

⑤ 도시 사람들의 직업은 농촌이나 어촌보다 다양하지 않다.

5 다음 중 도시에서 흔히 볼 수 <u>없는</u> 것을 고르세요.

내용
파악

① 아파트   ② 빌라

③ 지하철   ④ 버스

⑤ 방파제

6 다음은 소금을 생산하는 사진입니다. 어느 마을에서 볼 수 있는 모습인가요? 마을의 종류를 쓰세요.

적용

7 다음 중 농촌에서 가장 보기 <u>어려운</u> 모습을 고르세요.

적용

①

②

③

④

1단계　다음 낱말들의 뜻을 알맞게 이으세요.

(1) 주택　●

(2) 평야　●

(3) 부두　●

● ㉠ 땅이 평평하고 넓게 펼쳐진 들.

● ㉡ 사람이 들어가 살 수 있게 지은 건물.

● ㉢ 배를 대어 사람과 짐이 육지로 오르내릴 수 있도록 만들어 놓은 곳.

2단계　다음 글의 빈칸에 알맞은 낱말을 위에서 찾아 쓰세요.

(1) 할아버지의 작은 배가 　　　　　　　 를 떠나 바다로 나아갔다.

(2) 우리 가족은 새로 지은 　　　　　　　 으로 이사를 했다.

(3) 내 꿈은 넓은 　　　　　　　 에서 농사를 짓는 것이다.

3단계　다음 사진과 설명을 보고 알맞은 낱말을 앞 글에서 찾아 쓰세요.

(1)

바닷가나 섬 같은 곳에 탑 모양으로 높이 세워 밤에 다니는 배에 길이나 위험한 곳 따위를 알려 주려고 불을 켜서 비추는 시설.

kobaco 한국방송광고공사
공익광고협의회

서로 다른 색이 모여
하나를 만듭니다

우리 **사회**에는 어린이, **노인**, 장애인에서부터 우리와 얼굴색이 다른 **외국인**에 이르기까지 많은 사람이 함께 살아가고 있습니다. 그 사람들은 각각 다른 일을 하고, 다른 지역에서 살고, 살아가는 모습도 다릅니다. 모습은 다르지만 한 사람 한 사람이 자신의 **역할**을 다하고 서로 돕기 때문에 우리는 행복하게 살아갑니다. **타인**을 이해하고 도우면서 살아가는 것은 우리 사회를 더욱 살기 좋게 만듭니다.

공익 광고 기업이나 단체가 사회 전체의 이익을 위해 만든 광고. 公 여럿 공 益 이익 익 廣 넓을 광 告 알릴 고
사회 마을, 학교, 나라 들처럼 여러 사람이 함께 이루는 집단. 社 모일 사 會 모일 회   **노인** 나이가 들어 늙은 사람. 老 늙을 노 人 사람 인   **외국인** 다른 나라 사람. 外 바깥 외 國 나라 국 人 사람 인   **역할** 자기가 맡아서 하는 일. 役 일할 역 割 나눌 할   **타인** 다른 사람. 他 다를 타 人 사람 인

1 이 글의 종류는 무엇인가요?

글의
종류

① 일기   ② 광고   ③ 뉴스

④ 편지   ⑤ 동시

2 이와 같은 글을 읽는 방법을 고르세요.

추론

① 리듬을 살려 읽는다.

② 사건의 순서를 생각하며 읽는다.

③ 뒤에 올 내용을 상상하며 읽는다.

④ 등장인물 사이의 관계를 파악하며 읽는다.

⑤ 글쓴이가 전하려는 생각을 파악하며 읽는다.

3 이 글의 옥수수 알갱이는 모습이 다른 사람들 한 명 한 명을 의미합니다. 그러면 옥수수 전체

추론 는 무엇을 뜻하나요?

4 이 글 속 사진에서 옥수수 알갱이를 왜 여러 색깔로 표현했을까요?

추론

① 옥수수를 맛있게 보이려고.

② 알갱이 색깔이 다양한 옥수수가 더 맛있다는 것을 알리려고.

③ 다양한 사람이 모여 한 사회를 이룬다는 것을 나타내려고.

④ 다양한 사람이 함께 살면 조화롭지 못하다는 걸 보여주려고.

⑤ 멀리서 보면 같은 색으로 보이지만 가까이에서 보면 옥수수 알갱이 색깔이 다르다는 것을
알리려고.

5 이 글에서 글쓴이가 하려고 하는 말은 무엇인가요?

주제

① 외국인에게 친절하게 대하자.

② 우리는 서로 다른 일을 하며 살아간다.

③ 우리 사회에는 많은 사람이 살고 있다.

④ 남을 이해하고 도우며 살자.

⑤ 우리는 사회의 발전을 위해 자신의 역할에 최선을 다해야 한다.

6 이 글의 내용을 바르게 이해하고 행동한 사람은 누구인가요?

적용

① 할머니와 둘이 사는 친구를 놀리는 주현.

② 피부색이 다르다고 친구를 따돌리는 은태.

③ 장애인은 무조건 못 들어오게 하는 음식점 사장.

④ 한국어가 서툴다는 이유로 외국인 노동자의 월급을 깎는 공장 사장.

⑤ 어머니가 베트남 사람인 친구와 친해지려고 베트남에 관한 책을 읽는 태영.

7 이 글의 내용과 같아지도록 빈칸을 채워 글을 완성하세요.

내용
파악

우리 (1) ☐☐ 에는 어린이, 노인, 외국인 등 많은 사람이 함께 살아가고 있다.

사람마다 하는 일, 살아가는 모습, 생각이나 행동 등이 다르다. 그러므로 우리는 서로를

(2) ㅇ ㅎ 하며 살아가야 한다.

1단계 다음 낱말에 알맞은 뜻을 찾아 줄로 이으세요.

(1) 사회 •　　　　　　　　　　• ㉠ 사회 모든 사람에게 돌아가는 이익.

(2) 공익 •　　　　　　　　　　• ㉡ 사람들에게 널리 알리는 것. 또는 그런 글이나 그림.

(3) 광고 •　　　　　　　　　　• ㉢ 마을, 학교, 나라 들처럼 여러 사람이 함께 이루는 집단.

2단계 위에서 배운 낱말을 빈칸에 넣어 문장을 완성하세요.

(1) 사람들은 마을의 [　][　] 을 위해 각자의 욕심을 내려놓았다.

(2) 뉴스는 [　][　] 의 여러 소식을 우리에게 전해 준다.

(3) 희준이는 텔레비전에서 과자 [　][　] 를 보고는 과자 가게로 달려갔다.

3단계 다음 뜻을 읽고, 알맞은 낱말을 넣어 문장을 완성하세요.

> **틀리다:** 계산이나 사실 등이 맞지 않다.
>
> **다르다:** 비교되는 대상이 서로 같지 않다.

(1) 수학 문제를 세 개나 [　][　][　] .

(2) 설탕과 소금은 맛이 [　][　][　] .

귤 한 개

박경용

귤
한 개가
방을 가득 채운다.

짜릿하고 **향긋한**
냄새로
물들이고

㉠ **양지짝**의 **화안한**
빛으로
물들이고

사르르 **군침** 도는
맛으로
물들이고

㉡ 귤
한 개가
방보다 크다.

향긋한 은근히 향기로운 느낌이 있는. 향긋한.　　**양지짝** 볕이 잘 드는 쪽. 양지쪽. 陽 볕 양 地 땅 지　　**화안한** 빛이 비치어 맑고 밝은. '환한'을 늘여 쓴 말.　　**군침** 맛있는 음식을 보거나 그 냄새를 맡아 입 안에 도는 침.

1 이 시의 중심 낱말은 무엇인가요?

핵심어

① 귤 ② 방 ③ 양지짝

④ 군침 ⑤ 냄새

2 이 시에 대한 설명으로 옳은 것을 고르세요.

내용
파악

① 귤 먹는 방법을 소개하고 있다.

② 귤의 모양을 자세히 설명하고 있다.

③ 말하는 이는 귤 냄새를 싫어한다.

④ 방에서 마당으로 장소가 변하고 있다.

⑤ 귤에서 받은 느낌을 감각적으로 나타냈다.

3 ㉡과 같이 표현한 까닭은 무엇인가요?

추론

① 방이 너무 작아서.

② 귤이 아주 맛있어서.

③ 귤이 굉장히 먹고 싶어서.

④ 귤이 방 안 가득 쌓여 있어서.

⑤ 귤의 냄새, 빛, 맛이 방을 가득 채워서.

4 이 시는 몇 연 몇 행으로 되어 있나요?

구조

☐ 연 ☐ 행

5 ⊙의 반대말로, '볕이 잘 들지 않는 그늘이 진 쪽'의 뜻을 지닌 낱말을 쓰세요.

어휘

⊙ 양지쪽 ⟷ ☐ ☐ 쪽

6 말하는 이가 있는 곳은 어디인가요?

내용
파악

① 방   ② 귤밭   ③ 마당
④ 시장   ⑤ 양지쪽

7 이 시를 읽을 때 가장 어울리는 목소리를 고르세요.

추론

① 무서운 목소리.

② 슬픈 목소리.

③ 지친 목소리.

④ 밝은 목소리.

⑤ 겁에 질린 목소리.

8 이 시에 알맞지 <u>않은</u> 감상을 말한 사람은 누구인가요?

감상

① 준연: 새콤달콤한 귤을 먹고 싶어져.

② 수찬: 향긋한 귤 냄새가 느껴지는 것 같아.

③ 우영: 귤 냄새가 너무 강해서 숨이 막힐 것 같아.

④ 나현: 어머니와 방에서 귤을 먹던 기억이 떠올라.

⑤ 도윤: 방 안이 귤의 빛깔처럼 환해지는 느낌이 들어.

1단계 개수를 세는 말입니다. 빈칸에 알맞은 낱말을 넣어 문장을 완성하세요.

> 모　　　권　　　개

(1) 책상 위에 사탕 한 ☐ 가 놓여 있다.

(2) 아저씨, 두부 한 ☐ 주세요.

(3) 승주는 도서관에서 책 한 ☐ 을 빌렸다.

2단계 문장이 자연스럽게 이어지도록 알맞게 짝지으세요.

(1) 빛이　　●　　　　　　　●　㉠ 환하다.

(2) 냄새가　●　　　　　　　●　㉡ 우렁차다.

(3) 소리가　●　　　　　　　●　㉢ 향긋하다.

3단계 아래 설명을 읽고, 빈칸에 알맞은 낱말을 쓰세요.

> 빛: 해, 별, 달, 전등, 불 등에서 나오는 밝고 환한 것.
>
> 빗: 머리털을 빗는 도구.

(1) 은정이는 거울 앞에서 ☐ 으로 머리를 빗었다.

(2) 창문으로 ☐ 이 들어와 방 안이 환해졌다.

3주
14회

옛날 어느 마을에 가난한 부부가 살고 있었습니다.

하루는 힘들게 모은 돈으로 남편이 시장에 가서 거위 한 마리를 사 왔습니다. **이튿날**, 거위에게 먹이를 주려던 아내는 깜짝 놀랐습니다. 거위가 낳은 알이 황금색으로 빛나고 있었기 때문입니다. 그 말을 들은 남편은 아내가 장난치는 줄 알았습니다. 하지만 가까이 다가가서 알을 만져 보니 진짜 황금알이었습니다.

"여보, 이 거위만 있으면 우리도 큰 부자가 될 수 있겠소."

거위는 날마다 황금알을 하나씩 낳았습니다. 가난했던 부부는 매일 황금알을 팔아서 금방 부자가 되었습니다. 새집을 짓고, 새 옷도 사고, 맛있는 음식도 배불리 먹었습니다. 마을 사람들 모두 부부를 부러워했습니다.

부부의 **욕심**은 날이 갈수록 커졌습니다. 부부는 거위가 왜 황금알을 하루에 한 개밖에 낳지 못하는지 궁금해졌습니다.

어느 날, 아내는 남편에게 말했습니다.

"여보, 분명히 거위 배 속에는 황금알이 가득 들어 있을 거예요. 그걸 한꺼번에 꺼내서 판다면 지금보다 더 큰 부자가 될 수 있지 않을까요?"

"그것참, 좋은 생각이군!"

부부는 거위의 배 속이 황금알로 가득 차 있는 모습을 상상하며 거위를 잡아서 확인했습니다.

"아니, 이럴 수가! 황금알이 하나도 없잖아? 이게 어떻게 된 일이지?"

㉠ 부부의 **기대**와는 달리 거위의 배 속에는 황금알이 하나도 들어 있지 않았습니다. **보통** 거위의 배 속과 다를 게 없었습니다. 부부는 뒤늦게 후회했지만, 황금알을 낳는 거위는 이미 죽은 뒤였습니다.

– 이솝 우화

이튿날 어떤 일이 있은 그다음의 날.　　**욕심** 자기의 신분이나 처지보다 넘치게 무엇을 탐내는 마음. 欲 바랄 욕 心 마음 심　　**기대** 어떤 일이 원하는 대로 이루어지기를 바라면서 기다림. 期 바랄 기 待 기다릴 대 **보통** 특별하지 아니하고 흔히 볼 수 있음. 普 두루 보 通 통할 통

1

제목

빈칸에 알맞은 낱말을 넣어 이 글의 제목을 완성하세요.

☐☐☐ 을 낳는 거위

2

내용
파악

이 글 속 부부에 관한 내용으로 올바른 것을 고르세요.

① 가난하지만 현재에 만족하며 행복하게 산다.

② 거위를 비싸게 팔아서 큰 부자가 되고 싶어 한다.

③ 황금알을 더 많이 갖고 싶어 할 정도로 욕심이 많다.

④ 마을의 가난한 사람들을 도와줄 정도로 마음이 착하다.

⑤ 황금알을 낳는 거위가 도망갈 것을 걱정한다.

3

내용
파악

㉠ '부부의 기대'는 무엇인가요?

① 황금알이 더 비싸게 팔릴 것이다.

② 황금알을 낳는 거위가 더 있을 것이다.

③ 거위가 황금알을 두 개 낳았을 것이다.

④ 거위가 건강하게 잘 살아있을 것이다.

⑤ 거위의 배 안에 황금알이 가득 차 있을 것이다.

4

줄거리

이 글의 내용을 정리했습니다. 순서에 맞도록 번호를 쓰세요.

① 죽은 거위를 보며 부부는 후회했다.

② 남편이 시장에 가서 거위 한 마리를 사 왔다.

③ 더 부자가 되고 싶어서 거위를 잡아 배 속을 확인해 보았다.

④ 부부는 매일 황금알을 시장에 팔아서 부자가 되었다.

⑤ 거위가 낳은 알을 확인해 보니 황금알이었다.

☐ → ☐ → ☐ → ☐ → ☐

5

주제

빈칸에 알맞은 낱말을 넣어 이 글의 교훈을 완성하세요.

지나치게 ☐☐ 을 부리지 말자.

6

배경
지식

다음 사진 중에서 '거위'를 고르세요.

①

②

③

④

⑤

어휘력 기르기

1단계　　다음 낱말의 뜻을 찾아 줄로 이으세요.

(1) 욕심　●

(2) 기대　●

(3) 보통　●

● ㉠ 특별하지 아니하고 흔히 볼 수 있음.

● ㉡ 어떤 일이 원하는 대로 이루어지기를 바라면서 기다림.

● ㉢ 자기의 신분이나 처지보다 넘치게 무엇을 탐내는 마음.

2단계　　위에서 배운 낱말을 빈칸에 넣어 문장을 완성하세요.

(1) 이 그림을 그린 걸 보면, 네 그림 솜씨가 [　][　] 이 아니다.

(2) 놀부는 [　][　] 이 많기로 유명하다.

(3) [　][　] 가 큰 만큼 실망도 크다.

3단계　　다음 설명을 읽고, 밑줄 친 '부자'의 뜻을 찾아 번호를 쓰세요.

| 부자 | ① 재산이 많아 살림이 넉넉한 사람. |
| | ② 아버지와 아들을 함께 이르는 말. |

(1) 우리 부자는 일요일마다 함께 등산을 간다.　　　　　　(　　　　)

(2) 나는 돈은 없지만 마음은 부자다.　　　　　　　　　　(　　　　)

계절마다 건강을 위해 주의해야 할 것들이 있습니다. 그중에서도 여름에는 특히 조심해야 할 **질병**이 많습니다.

여름철에 햇볕이 뜨거운 곳에 오래 서 있으면 머리가 아프고 어지러워집니다. 심할 때에는 **경련**이 생기거나 정신을 잃고 쓰러질 수도 있습니다. 이것을 일사병이라고 합니다. 일사병에 걸렸을 때에는 우선 그늘에 누워서 쉬어야 합니다. 햇볕을 피하고 물을 자주 마시면 일사병을 **예방**할 수 있습니다.

땀을 많이 흘리면 몸에 작은 **물집**이 생기기도 합니다. 이것을 땀띠라고 합니다. 주로 목, 겨드랑이처럼 살이 접히는 곳에 생깁니다. 몸에 땀띠가 생기면 굉장히 가려운데, 그렇다고 계속 긁으면 살이 빨개지고 따갑습니다. 땀띠를 피하기 위해서는, 몸에 꽉 끼는 옷은 피하고 시원한 **재질**의 옷을 입어야 합니다. 땀을 흘렸을 때에는 바로 씻는 것이 좋습니다.

여름에 물놀이를 하다가 오염된 물이 눈에 들어가거나, 더러운 손으로 눈을 만져 세균이 **침투**하면 눈병에 걸릴 수 있습니다. 눈병에 걸리면 눈이 빨개지고 눈꺼풀이 **붓습니다.** 외출 후에는 손에 비누칠을 꼼꼼히 해서, 흐르는 물에 깨끗이 닦습니다. 눈병에 걸렸을 때에는 바로 병원에 갑니다. 또 다른 사람들에게 옮길 수 있으므로 가족끼리도 물건을 함께 만지지 말고, 수건도 따로 써야 합니다.

여름철에는 날씨가 덥고 습해서 음식이 빨리 상합니다. 세균이 번식하여 상한 음식을 먹으면 식중독에 걸릴 **위험**이 있습니다. 식중독에 걸리면 배가 아프고, 심하면 **구토**를 하거나 **설사**를 합니다. 식중독에 걸리지 않기 위해서는 음식을 만든 뒤 빨리 먹고, 물은 되도록 끓여서 먹는 것이 좋습니다. 또 과일이나 채소는 흐르는 물에 여러 번 씻어서 먹습니다. 손을 자주 씻는 것도 매우 중요합니다.

질병 몸의 여러 가지 병. 疾 병 질 病 병 병　　**경련** 근육이 갑자기 뻣뻣해지거나 떨리는 증상. 痙 경련 경 攣 경련할 련　　**예방** 질병이나 재해가 일어나기 전에 미리 막는 일. 豫 미리 예 防 막을 방　　**물집** 피부 일부분에 액체가 차서 부풀어 오른 것.　　**재질** 재료가 원래부터 가지고 있는 특성. 材 재료 재 質 성질 질　　**침투** 세균이나 병균이 몸속에 들어옴. 浸 번질 침 透 꿰뚫을 투　　**붓습니다** 살이나 몸의 어떤 부위가 부풀어 오릅니다.　　**위험** 해로움이나 손해가 생길 수 있는 상태. 危 위태로울 위 險 험할 험　　**구토** 먹은 음식물을 토함. 嘔 토할 구 吐 토할 토　　**설사** 대변에 수분이 많아 대변이 액체처럼 되어 나오는 것. 泄 설사 설 瀉 설사 사

---

1 이 글의 제목으로 알맞은 것을 고르세요.

제목

① 여름철 날씨의 특징

② 일사병에 걸리는 이유

③ 여름철에 조심해야 할 질병

④ 여름철과 겨울철에 걸리는 질병의 차이

⑤ 손을 자주 씻어야 되는 이유

2 이 글을 쓴 목적으로 알맞은 것을 고르세요.

글의
종류

① 옛날이야기를 통해 사람들에게 교훈을 주기 위해서.

② 어떤 인물의 업적과 행동을 통해 교훈을 주기 위해서.

③ 사람들에게 올바른 정보를 주기 위해서.

④ 주장을 밝히고 근거를 들어 사람들을 설득하기 위해서.

⑤ 앞으로 벌어질 일을 사람들에게 알려 주기 위해서.

3 일사병을 피하려면 어떻게 해야 하는지 빈칸에 알맞은 낱말을 넣어 설명하세요.

내용
파악

　　　　□□ 을 피하고 　□ 을 자주 마시면 일사병을 피할 수 있다.

4

땀띠에 대한 설명으로 올바른 것은 무엇인가요?

① 겨울철에 주로 걸리는 질병이다.

② 주로 종아리나 허벅지 같은 곳에 생긴다.

③ 더러운 손으로 만져 세균이 피부에 침투하면 발생한다.

④ 땀을 흘렸을 때에는 바로 씻는 것이 땀띠 예방에 좋다.

⑤ 땀띠를 피하기 위해서는 몸에 꽉 끼는 옷을 입어야 한다.

5

질병과 그 증상을 알맞게 이으세요.

(1) 일사병 •　　　　　　　• ㉠ 배가 아프고, 심하면 토하거나 설사한다.

(2) 땀띠 •　　　　　　　• ㉡ 몸에 작은 물집이 생기고 굉장히 가렵다.

(3) 눈병 •　　　　　　　• ㉢ 머리가 아프고 어지럽다.

(4) 식중독 •　　　　　　　• ㉣ 눈이 빨개지고 눈꺼풀이 붓는다.

6

앞 글에 있는 질병 외에 여름에 특히 조심해야 할 병을 고르세요.

① 독감: 인플루엔자 바이러스에 의해 일어나는 감기.

② 냉방병: 실외에 비해 실내 온도를 너무 낮게 하여 걸리는 병.

③ 야맹증: 밤에 사물을 잘 보지 못하는 증상.

④ 저체온증: 체온이 정상보다 낮은 증상.

⑤ 피부 건조증: 기름이나 땀이 적어 피부가 마르고 거칠어진 상태.

어휘력 기르기

1단계 다음 낱말의 뜻을 찾아 선으로 이으세요.

(1) 경련 •

(2) 예방 •

(3) 재질 •

• ㉠ 재료가 원래부터 가지고 있는 특성.

• ㉡ 근육이 갑자기 뻣뻣해지거나 떨리는 증상.

• ㉢ 질병이나 재해가 일어나기 전에 미리 막는 일.

2단계 다음 글의 빈칸에 알맞은 낱말을 위에서 찾아 쓰세요.

(1) 너무 긴장해서 다리에 ☐ ☐ 이 일어났다.

(2) 어제 산 옷의 ☐ ☐ 이 아주 좋다.

(3) 독감에 걸리지 않기 위해 ☐ ☐ 주사를 맞았다.

3단계 다음은 '동상'에 대한 설명입니다. 빈칸에 들어갈 낱말을 고르세요.

(1) **동상:** ☐ ☐ 때문에 피부가 얼어서 상하는 질병.

① 추위   ② 더위   ③ 햇빛

④ 습기   ⑤ 음식

물은 지구 생명체에게 아주 중요한 존재입니다. 사람을 포함한 동식물들은 물을 **섭취하여** 생명을 유지하기 때문입니다. 이렇게 소중한 물은 한번 오염되면 깨끗하게 되돌리는 데에 많은 시간과 돈이 듭니다. 물이 ㉠ 오염되는 까닭에는 여러 가지가 있습니다.

먼저 생활 **하수**가 있습니다. 생활 하수란 사람들이 가정에서 버리는 물을 말합니다. 설거지를 하거나 세탁기를 사용할 때 쓰는 세제, 머리를 감을 때 사용하는 샴푸, 음식을 먹고 남긴 음식물 찌꺼기 등은 강으로 흘러들어 물을 오염합니다.

농축산 폐수도 물을 오염하는 원인 중 하나입니다. 농촌에서는 곡식, 채소, 과일 등을 재배하기 위해 **농약**과 **비료**를 사용합니다. 또 소나 돼지 같은 동물을 기르는 과정에서 동물들의 **배설물**이 발생합니다. 이러한 농약이나 비료, 동물의 배설물 등이 섞인 농축산 폐수가 강으로 흘러들어 물을 오염합니다.

공장에서도 폐수가 발생합니다. 공장 폐수는 생활 하수나 농업 폐수에 비해 버려지는 양이 적습니다. 하지만 다른 폐수들보다 독성이 강해 적은 양으로도 물에 굉장히 나쁜 영향을 줄 수 있습니다.

마지막으로, 하늘에서 내리는 산성비도 물을 오염합니다. 공장이나 발전소, 자동차 등에서 **배출**되는 **유해** 물질이 공기 중에서 빗물에 녹아 산성을 띠며 내리는 비를 산성비라고 합니다. 산성비가 땅속으로 스며들면 **지하수**를 오염합니다. 또 강으로 흘러들면 물고기를 살기 힘들게 합니다.

섭취하여 몸속에 받아들여. 攝 빨아들일 섭 取 가질 취　**하수** 빗물이나 집, 공장, 병원 등에서 쓰고 버리는 더러운 물. 下 아래 하 水 물 수　**농축산** 농산(곡식, 채소, 과일 등을 기르는 일)과 축산(가축을 기르는 일)을 아울러 이르는 말. 農 농사 농 畜 가축 축 産 생산할 산　**폐수** 공장 같은 곳에서 쓰고 난 뒤에 버리는 더럽혀진 물. 廢 버릴 폐 水 물 수　**농약** 농작물에 해로운 벌레나 잡초 따위를 없애거나 농작물이 잘 자라게 하는 약. 農 농사 농 藥 약 약　**비료** 땅에 영양분이 많아지게 하기 위해 땅에 뿌리는 영양 물질. 肥 비료 비 料 재료 료　**배설물** 동물의 몸 안에서 만들어진 물질 가운데 필요가 없어 밖으로 내보내는 것. 대변, 소변, 땀 따위를 말한다. 排 밀어낼 배 泄 쌀 설 物 물건 물　**배출** 안에서 밖으로 밀어 내보냄. 排 밀어낼 배 出 나갈 출　**유해** 해로움이 있음. 有 있을 유 害 해로울 해　**지하수** 땅속의 흙과 모래, 돌 따위의 빈틈을 채우고 있는 물. 地 땅 지 下 아래 하 水 물 수

1

글의
종류

이 글의 종류로 알맞은 것을 고르세요.

① 설명문　　　　② 생활문　　　　③ 기행문

④ 광고문　　　　⑤ 일기

2

주제

이 글의 중심 생각을 찾으세요.

① 오염된 물을 깨끗하게 되돌리는 과정.

② 물이 오염되는 여러 까닭.

③ 가정에서 버려지는 생활 하수를 어떻게 줄일 수 있는가.

④ 공장 폐수를 줄일 수 있는 다양한 방법.

⑤ 산성비가 우리에게 주는 좋은 영향.

3

내용
파악

농축산 폐수에 대한 설명으로 맞은 것에는 ○표, 틀린 내용에는 X표를 하세요. ○표는 세 개
입니다.

(1) 농축산 폐수는 물을 오염하는 여러 원인 중 하나다.　　　　　（　　　　　）

(2) 농약이나 비료가 섞인 물은 농축산 폐수다.　　　　　（　　　　　）

(3) 동물의 배설물이 섞인 물은 농축산 폐수가 아니다.　　　　　（　　　　　）

(4) 농축산 폐수는 강으로 흘러들어 강물을 오염한다.　　　　　（　　　　　）

4

내용
파악

이 글에 실린 물 오염 원인이 <u>아닌</u> 것을 고르세요.

① 생활 하수　　　　② 농축산 폐수　　　　③ 공장 폐수

④ 산성비　　　　⑤ 지하수

5 다음은 산성비에 대한 설명입니다. 앞 글의 내용과 같도록 빈칸에 알맞은 낱말을 채우세요.

내용
파악

산성비는 공장이나 발전소, (1)☐☐☐ 등에서 배출되는 (2)☐☐

물질이 공기 중에서 (3)☐☐ 에 녹아 산성을 띠며 내리는 비다.

6 ㉠'오염되는'과 바꾸어 쓸 수 있는 말을 고르세요.

어휘

① 뜨거워지는

② 깨끗해지는

③ 더러워지는

④ 차가워지는

⑤ 끈적끈적해지는

7 이 글을 읽고 나서 바르게 말하지 <u>않은</u> 친구를 고르세요.

적용

① 현석: 물은 우리에게 정말 소중하니까 오염되지 않도록 조심해야 해.

② 규환: 나도 집에서 머리를 감을 때 샴푸를 적게 사용해서 물의 오염을 막아야겠어.

③ 영진: 물의 오염을 막기 위해서 음식물 쓰레기를 땅에 묻어야 해.

④ 윤혜: 공장에서 폐수를 함부로 버릴 수 없도록 잘 감시해야 돼.

⑤ 보연: 산성비 때문에 생태계가 파괴될 수도 있겠어.

1단계   다음 낱말의 뜻을 찾아 선으로 이으세요.

(1) 폐수 •

(2) 비료 •

(3) 지하수 •

• ㉠ 땅에 영양분이 많아지게 하기 위해 땅에 뿌리는 영양 물질.

• ㉡ 땅속의 흙과 모래, 돌 따위의 빈틈을 채우고 있는 물.

• ㉢ 공장 같은 곳에서 쓰고 난 뒤에 버리는 더럽혀진 물.

2단계   다음 글의 빈칸에 알맞은 낱말을 위에서 찾아 쓰세요.

(1) 삼촌은 채소들이 잘 자라게 하려고 [   ] 를 밭에 뿌리셨다.

(2) 공장에서 버린 [   ] 때문에 많은 물고기가 죽었다.

(3) 마을의 [   ] 가 오염되어 주민들이 마실 수 없어졌다.

3단계   다음 낱말의 뜻을 읽고, 빈칸에 알맞은 낱말을 쓰세요.

농업	땅을 이용하여 인간 생활에 필요한 식물을 가꾸거나, 동물을 기르는 일.
농촌	주민의 대부분이 농사를 짓는 마을이나 지역.

'귀농'이란 다른 일을 하던 사람이 (1) [ ][ ] 을 하기 위해 (2) [ ][ ] 으로 돌아

가는 것을 말한다.

제 이름은 엄규상입니다.

우리 가족은 아빠, 엄마, 저 이렇게 세 명입니다. 아빠와 엄마는 모두 회사에 다니십니다. 그래서 학교 수업 시간이 끝나면 부모님께서 퇴근하실 때까지 **돌봄 교실**에서 친구들과 지냅니다.

존경하는 인물은 부모님입니다. 아빠는 **보드게임**을 많이 사 주셨습니다. 그리고 저와 보드게임을 자주 하고 자전거도 같이 타며 잘 놀아 주십니다. 엄마는 어려운 숙제를 도와주시고, 준비물을 잘 챙겼는지 확인해 주십니다. 또 ㉠ 배드민턴도 저와 잘 쳐 주십니다.

제일 친한 친구는 은우입니다. 1학년 때 가장 친해졌는데 2학년이 되면서 다른 반이 되어 서운했습니다. 그래도 돌봄 교실에서 매일 만나며 즐겁게 지내고 있습니다. 또 주말이 되면 우리 집과 은우네 집에 **번갈아** 오가며 놀고 있습니다.

제 취미는 휴대 전화 게임입니다. 게임은 혼자 할 때도 재미있지만 친구들과 함께하는 것이 더 즐겁습니다. 어려운 게임도 친구들과 함께하면 쉽게 헤쳐 나갈 수 있어 더 재미있습니다.

제가 제일 좋아하는 음식은 치킨입니다. 처음 먹었을 때부터 치킨의 맛에 빠져들어 지금까지 좋아하고 있습니다. 매일 먹으면 좋겠지만 부모님은 적당히 먹는 것이 건강에 좋다고 말씀하십니다.

제 꿈은 과학자입니다. 과학자가 되어 우주를 **탐사**하는 로봇을 만들고 싶습니다. 또 기회가 되면 우주에 직접 나가서 내가 만든 로봇과 함께 여러 **천문** 현상을 연구하고 싶습니다.

돌봄 교실 부모가 모두 일하는 가정의 자녀를 위해 정규 수업이 끝난 뒤에도 추가 교육을 하는 교실.　**존경** 다른 사람의 인격, 생각, 행동 등을 공손히 받들어 모심. 尊 높을 존 敬 공경할 경　**보드게임** 종이나 나무로 된 판 주변에 여럿이 둘러앉아 즐기는 놀이. board game　**번갈아** 한 사람씩 차례를 바꾸어.　**탐사** 알려지지 않은 사물이나 사실을 자세히 조사함. 探 연구할 탐 査 조사할 사　**천문** 우주의 온갖 현상과 그에 따른 원리. 天 하늘 천 文 현상 문

1 무엇을 소개하는 글인가요?

주제

① 자기소개　　　　　　　　② 가족 소개

③ 친구 소개　　　　　　　　④ 취미 소개

⑤ 미래의 꿈 소개

2 규상이의 꿈은 무엇인가요?

내용
파악

3 규상이 어머니가 하는 일이 <u>아닌</u> 것을 찾으세요.

내용
파악

① 회사에서 일한다.

② 규상이의 어려운 숙제를 도와준다.

③ 규상이가 준비물을 잘 챙겼는지 확인한다.

④ 규상이와 보드게임을 자주 한다.

⑤ 규상이와 배드민턴을 친다.

4 다음 중 이 글의 내용과 <u>다른</u> 것은 무엇인가요?

내용
파악

① 규상이네 가족은 모두 세 명이다.

② 규상이의 취미는 보드게임이다.

③ 규상이는 은우네 집에 가서 놀기도 한다.

④ 규상이는 친구들과 휴대 전화 게임을 즐긴다.

⑤ 규상이는 음식 가운데 치킨을 가장 좋아한다.

5

내용
파악

다음 중 이 글에 담기지 <u>않은</u> 내용은 무엇인가요?

① 규상이가 존경하는 인물.

② 규상이의 취미.

③ 규상이가 제일 좋아하는 음식.

④ 규상이의 꿈.

⑤ 규상이가 제일 잘하는 것.

6

추론

다음 중 앞 글을 가장 잘 읽은 사람은 누구인가요?

① 채원: 치킨을 좋아하는 걸 보니 평소에는 밥을 잘 안 먹을 것 같아.

② 혁준: 규상이는 아직 준비물을 혼자서 챙기지 못하는 것 같아.

③ 시후: 부모님을 존경하고 잘 지내는 걸 보니 가족이 무척 화목할 것 같아.

④ 보경: 치킨을 매일 먹어서 규상이는 매우 뚱뚱할 것 같아.

⑤ 예나: 2학년으로 올라오면서 1학년 때 친구들과는 만나지 않는 것 같아.

7

배경
지식

다음 중 ㉠ '배드민턴'의 그림을 찾으세요.

①

②

③

④

어휘력 기르기

1단계 다음 낱말의 뜻을 찾아 선으로 이으세요.

(1) 존경 •

(2) 탐사 •

(3) 천문 •

• ㉠ 다른 사람의 인격, 생각, 행동 등을 공손히 받들어 모심.

• ㉡ 우주의 온갖 현상과 그에 따른 원리.

• ㉢ 알려지지 않은 사물이나 사실을 자세히 조사함.

2단계 위에서 배운 낱말을 빈칸에 넣어 문장을 완성하세요.

(1) 달을 ☐☐ 하기 위해 과학자들이 로봇을 만들었다.

(2) 경주 첨성대는 옛날 사람들이 ☐☐ 을 관측하던 시설이다.

(3) 제가 가장 ☐☐ 하는 분은 어머니입니다.

3단계 다음 낱말의 뜻을 읽고, 빈칸에 알맞은 낱말을 쓰세요.

> **해쳐**: 다치게 하거나 죽여.
>
> **헤쳐**: 방해되는 것을 이겨 나가.

(1) 호랑이가 가축들을 ☐☐ 사냥꾼들이 호랑이를 잡으러 나섰다.

(2) 이 상황을 ☐☐ 나갈 수 있는 방법이 있을까?

눈

이태선 작사

박재훈 작곡

1. 펄 — 펄 눈이옵니다 바 람타 고 눈이옵니다
2. 펄 — 펄 눈이옵니다 하 늘에서 눈이옵니다

하 늘나 라 선녀님들이 송 이송 이 하 얀솜을
하 늘나 라 선녀님들이 하 얀가 루 떡 가루를

ⓛ

자 꾸자 꾸 뿌려줍니다 자 꾸자 꾸 뿌려줍니다
자 꾸자 꾸 뿌려줍니다 자 꾸자 꾸 뿌려줍니다

선녀 신비스러운 곳에 사는 여자 신. 仙 신선 선 女 여자 녀

1 이 노래의 중심 소재는 무엇인가요?

핵심어

① 바람　　　　② 하늘　　　　③ 선녀

④ 눈　　　　　⑤ 떡가루

2 이 노래의 배경은 어느 계절인가요?

배경

3 이 노래의 분위기로 가장 알맞은 것을 고르세요.

추론

① 무섭다

② 신난다

③ 슬프다

④ 어둡다

⑤ 쓸쓸하다

4 이 노랫말을 읽고 떠오르는 장면을 고르세요.

추론

① 아저씨가 하얀 떡을 팔고 있다.

② 아이의 눈에서 눈물이 쏟아지고 있다.

③ 바람이 세게 불어서 나뭇잎이 떨어지고 있다.

④ 하늘에서 눈이 펄펄 내리고 있다.

⑤ 아이가 하얀 솜사탕을 맛있게 먹고 있다.

이 노랫말의 특징으로 옳지 <u>않은</u> 것을 고르세요.

표현

① 눈이 내리는 모습을 나타내었다.

② 흉내 내는 말을 사용하였다.

③ 눈을 하얀 솜과 떡가루에 빗대어 표현하였다.

④ 1절과 2절의 가사는 다른 부분보다 같은 부분이 더 많다.

⑤ '눈이 옵니다', '자꾸자꾸 뿌려줍니다'를 반복하여 눈을 싫어하는 마음을 강조하였다.

6

이 노래의 악보에 대해 바르게 말한 사람을 찾으세요.

배경
지식

① 효은: 이 노래는 3분의 4박자야.

② 진구: 이 노래는 도레미파솔라시 중에 '레'로 시작해.

③ 장현: 이 노래에는 점4분음표(♩.)가 모두 6번 나와.

④ 재정: 이 노래에는 2분음표(♩)가 한 번도 나오지 않아.

⑤ 미현: 이 노래에 나오는 쉼표는 8분쉼표(♪), 4분쉼표(𝄽) 이렇게 2가지야.

7

이 노래에서 ㉠ 부분의 계이름으로 바른 것을 고르세요.

배경
지식

① 도레미파 레레레미도

② 도레미솔 레레레미레

③ 도레미솔 레레레미도

④ 도레미라 레레레미레

⑤ 도레미라 레레레미도

* **계이름** 음을 이루는 자리의 이름. 서양 음악에서는 '도, 레, 미, 파, 솔, 라, 시'로, 국악에서는 '궁, 상, 각, 치, 우'로 나타낸다.

어휘력 기르기

1단계 빈칸에 어울리는 표현을 찾아 알맞게 이으세요.

(1) 하얀 •

(2) 푸른 •

(3) 붉은 •

• ㉠ [　　　　] 바다가 정말 시원해 보였다.

• ㉡ 하늘이 [　　　　] 노을로 곱게 물들었다.

• ㉢ 주전자에서 [　　　　] 김이 피어올랐다.

2단계 다음 문장에 어울리는 낱말을 고르세요.

(1) 성진이의 무릎에서 (하얀 / 푸른 / 붉은) 피가 흘러나왔다.

(2) 명환이는 (하얀 / 푸른 / 붉은) 이를 드러내며 활짝 웃었다.

(3) 구름 하나 없이 (하얀 / 푸른 / 붉은) 하늘 위로 새 한 마리가 날아갔다.

3단계 다음 뜻을 읽고 문장 속 '펄펄'의 알맞은 뜻을 찾아 그 번호를 쓰세요.

> **펄펄** ┆ ① 먼지나 눈, 가루 따위가 바람에 세차게 날리는 모양.
> ┆ ② 많은 양의 물이나 기름 따위가 계속해서 몹시 끓는 모양.
> ┆ ③ 크고 힘차게 날거나 뛰는 모양.

(1) 냄비에 물이 펄펄 끓고 있다. (　　　)

(2) 나비가 꽃 위로 펄펄 날아왔다. (　　　)

(3) 지금 창밖에는 눈이 펄펄 내린다. (　　　)

아주 먼 옛날, 산속에 아주 큰 호랑이가 살고 있었습니다. 그 호랑이는 먹는 걸 굉장히 좋아해서 눈에 보이는 것들은 모조리 잡아먹었습니다.

어느 날 아침, 소금 장수가 고개를 넘어가다가 호랑이를 만났습니다. 마침 배가 고팠던 호랑이는 소금 장수를 통째로 삼켜 버렸습니다.

저녁에 기름 장수도 그 고개를 넘어가다가 호랑이에게 잡아먹히고 말았습니다. 두 사람은 호랑이 배 속에서 만났습니다. 하지만 호랑이의 배 속은 서로를 알아볼 수 없을 정도로 너무 어두웠습니다. 기름 장수는 자신이 가지고 있던 ㉠ <u>등잔</u>에 불을 켰습니다. 그리고 둘은 함께 배 속에서 빠져나갈 방법을 찾기 시작했습니다.

그때 호랑이가 갑자기 벌떡 일어나는 바람에 그만 등잔이 엎어지며 등잔의 뜨거운 기름이 **콸콸** 쏟아졌습니다. 호랑이는 깜짝 놀라 **펄쩍펄쩍** 뛰었습니다. 호랑이가 날뛸수록 더 많은 기름이 쏟아져 배 속에 불이 더욱 번졌습니다.

이튿날 아침이 되었습니다. 호랑이는 배에 붙은 불 때문에 결국 죽고 말았습니다. 소금 장수와 기름 장수는 죽은 호랑이의 배 속에서 잠이 깼습니다. 소금 장수의 **가마니** 뒤에 숨은 덕분에 두 사람은 불을 피할 수 있었습니다.

두 사람은 호랑이의 입을 열고 기어 나왔습니다. 그리고 힘을 합쳐 호랑이를 들고 마을로 내려왔습니다. ㉡ <u>마을 사람들은 입을 다물지 못했습니다.</u> 호랑이를 죽이고 살아 돌아온 두 사람 이야기는 온 마을에 퍼졌습니다.

며칠 뒤, 임금님은 소금 장수와 기름 장수를 불러 큰 상을 내렸습니다. 마을에 큰 피해를 주었던 호랑이를 죽였기 때문입니다. 두 사람은 그 이후로 오래오래 행복하게 살았습니다.

- 전래 동화, 〈소금 장수와 기름 장수〉

등잔 기름을 담아 불을 켜는 데에 쓰는 그릇. 燈 등잔 등 盞 등잔 잔　**콸콸** 많은 양의 액체가 급히 쏟아져 흐르는 소리.　**펄쩍펄쩍** 갑자기 가볍고 힘있게 자꾸 날아오르거나 뛰어오르는 모양.　**가마니** 곡식이나 소금 따위를 담기 위하여 짚을 짜서 만든 주머니.

1 이 글에 등장하지 <u>않는</u> 것을 고르세요.

인물

① 호랑이 　　　　　② 소금 장수 　　　　　③ 기름 장수

④ 과일 장수 　　　　⑤ 임금님

2 이 글의 내용을 정리했습니다. 옳은 문장에는 ○표, 틀린 문장에는 X표 하세요. ○표는 두 개

내용
파악
입니다.

(1) 산속에 사는 큰 호랑이는 먹는 걸 굉장히 좋아했다. 　　　　　　　　　(　　　)

(2) 어느 날 저녁, 소금 장수는 고개를 넘어가다가 호랑이에게 잡아먹혔다. 　(　　　)

(3) 호랑이의 배 속이 너무 어두워서 소금 장수는 등잔에 불을 켰다. 　　　(　　　)

(4) 두 사람은 죽은 호랑이를 그대로 두고 마을로 내려왔다. 　　　　　　　(　　　)

(5) 호랑이를 잡은 며칠 뒤, 임금님은 두 사람에게 큰 상을 내렸다. 　　　　(　　　)

3 다음 중 ㉠은 무엇인가요?

배경
지식

① 　　　　　　　　　② 　　　　　　　　　③

4 불이 붙은 호랑이의 배 속에서 두 사람이 살 수 있었던 이유는 무엇인가요?

내용
파악

소금 장수의 [　　　　　　　] 뒤에 숨었기 때문에.

5 ⓒ에서 느껴지는 마을 사람들의 기분으로 가장 알맞은 것을 고르세요.

추론

① 호랑이가 혹시 살아있을까 봐 무섭다.

② 두 사람이 너무 심하게 다쳐 슬프다.

③ 두 사람이 죽지 않고 호랑이를 잡은 게 놀랍다.

④ 호랑이가 죽은 게 너무 슬프다.

⑤ 자신들이 직접 호랑이를 죽이지 못해 아쉽다.

6 임금은 왜 소금 장수와 기름 장수에게 큰 상을 내렸나요?

내용
파악

① 두 사람이 마을에 큰 피해를 준 불을 꺼서.

② 두 사람이 마을에 큰 피해를 준 호랑이를 죽여서.

③ 두 사람이 자신이 키웠던 호랑이를 잡아 와서.

④ 두 사람이 자신에게 호랑이 가죽을 선물해 줘서.

⑤ 두 사람이 도둑을 잡아서.

7 이 이야기에서 시간을 나타내는 말이 아닌 것을 고르세요.

어휘

① 어느 날 아침

② 산속에

③ 저녁에

④ 이튿날

⑤ 며칠 뒤

1단계 다음 낱말들의 뜻을 알맞게 이으세요.

(1) 콸콸 •

(2) 펄쩍펄쩍 •

(3) 쩍쩍 •

• ㉠ 많은 양의 액체가 급히 쏟아져 흐르는 소리.

• ㉡ 갑자기 가볍고 힘있게 자꾸 날아오르거나 뛰어오르는 모양.

• ㉢ 자꾸 크게 쪼개지거나 벌어지는 소리. 또는 그 모양.

2단계 위에서 배운 낱말을 빈칸에 넣어 문장을 완성하세요.

(1) 비가 오지 않아서 땅바닥이 　　　　　　　　　 갈라졌다.

(2) 바위틈에서 물이 　　　　　　　 쏟아졌다.

(3) 강물 위로 물고기가 　　　　　　　　 뛰어올랐다.

3단계 다음 뜻을 읽고 문장 속 '고개'의 뜻을 찾아 그 번호를 쓰세요.

고개 : ① 산이나 언덕을 넘어 다니도록 기울어져 길이 나 있는 곳.
　　　 ② 사람이나 동물의, 목을 포함한 머리 부분.

(1) 이 높은 고개 너머에 우리 집이 있다. 　　　　　　(　　)

(2) 누군가가 나를 부르는 것 같아서 고개를 돌렸다. 　　(　　)

　　동물과 식물은 **저마다**의 방법으로 겨울을 납니다. 어떤 동물들은 나무나 땅에 구멍을 파고 들어가 **겨울잠**을 잡니다. 또 어떤 동물들은 여름 동안 지니고 있던 털을 벗고, 굵고 따뜻한 털로 **털갈이**를 합니다. 하지만 식물은 움직이지 못해 제자리에서 추위에 대비합니다.

　　식물 가운데 나무는 독특한 방법으로 겨울을 납니다. 나무는 '겨울눈'이라는 것을 만듭니다. 여기서 '눈'이란 싹이 돋아나는 자리를 말합니다. 눈에는 여름눈과 겨울눈이 있습니다. 여름에 생겨 겨울이 오기 전에 싹 터서 자라는 것이 여름눈입니다. 여름부터 가을 사이에 생겨 겨울을 견디고 **이듬해** 봄에 자라는 것이 겨울눈입니다.

　　겨울눈은 크게 세 가지로 나뉩니다. 겨울이 지나 봄이 되면 꽃을 피울 부분으로, 겉으로 보기에 짧고 통통하게 생긴 것이 꽃눈입니다. 따뜻한 봄에 돋아날 잎을 담고 있는 부분은 잎눈입니다. 잎눈은 꽃눈에 비해 길쭉하고 뾰족합니다. 마지막으로, 섞인눈에는 꽃으로 필 부분과 잎으로 자랄 부분이 함께 들어 있습니다.

　　생기는 위치에 따라 겨울눈을 달리 부르기도 합니다. 줄기나 가지의 끝에 생기는 것을 끝눈이라고 합니다. 줄기 옆쪽에 생기는 눈은 곁눈입니다. 가지나 줄기에 잎이 붙은 곳을 잎겨드랑이라고 부르는데, 이 부분에 생긴 겨울눈을 겨드랑눈이라고 합니다. 이외의 부분에서 생기는 눈을 막눈이라고 합니다.

　　나무는 추운 겨울을 견디기 위해 겨울눈을 만들어냅니다. 겨울눈은 **비늘**, 털, 끈끈한 액체 등을 이용해 추위에서 꽃과 잎을 지킵니다. 그리고 다음 해 봄에 꽃과 잎을 세상에 내보입니다.

저마다 하나하나의 사람이나 사물.　　**겨울잠** 동물이 활동을 멈추고 땅속 등에서 겨울을 보내는 일.　　**털갈이** 짐승이나 새의 오래된 털이 빠지고 새 털이 나는 일.　　**이듬해** 바로 다음의 해.　　**비늘** 물고기의 비늘(물고기나 뱀 등의 겉에 있는 단단하고 작은 조각)과 비슷하게 생긴 물건을 이르는 말.

1

핵심어

이 글에서 가장 중요한 낱말은 무엇인가요?

① 동물   ② 식물   ③ 나무

④ 겨울잠   ⑤ 겨울눈

2

어휘

다음은 동물의 겨울나기 방법입니다. 뜻을 보고 빈칸에 알맞은 낱말을 채우세요.

(1) 동물이 활동을 멈추고 땅속 등에서 겨울을 보내는 일.   ☐ ☐ ☐

(2) 짐승이나 새의 오래된 털이 빠지고 새 털이 나는 일.   ☐ ☐ ☐

3

내용
파악

빈칸에 알맞은 계절을 넣어 여름눈과 겨울눈을 설명하세요.

(1) 여름눈: 여름에 생겨 ☐ ☐ 이 오기 전에 싹 터서 자라는 눈.

(2) 겨울눈: 여름부터 ☐ ☐ 사이에 생겨 겨울을 버티고 이듬해 봄에 자라는 눈.

4

내용
파악

이 글의 내용을 정리했습니다. 맞은 내용에는 ○표, 틀린 내용에는 X표 하세요. ○표는 두 개입니다.

(1) 식물은 추위를 피하기 위해 움직일 수 없다.   (   )

(2) 꽃눈은 잎눈보다 길고 뾰족하다.   (   )

(3) 나무에는 겨울에만 눈이 생긴다.   (   )

(4) 겨울눈은 비늘, 털, 끈끈한 액체 등으로 추위를 이겨낸다.   (   )

5 다음 중 이 글에 담기지 <u>않은</u> 내용은 무엇인가요?

내용
파악

① 여름눈의 뜻.

② 겨울눈의 뜻.

③ 겨울눈의 종류.

④ 섞인눈의 모습.

⑤ 겨울눈이 추위에서 꽃과 잎을 지키기 위해 이용하는 것.

6 다음 겨울눈 중 생기는 위치에 따라 나눈 종류가 <u>아닌</u> 것은 무엇인가요?

내용
파악

① 막눈   ② 끝눈

③ 섞인눈   ④ 곁눈

⑤ 겨드랑눈

7 다음 화살표가 가리키는 곳에 생기는 눈의 이름을 6번 문제 보기에서 찾아 쓰세요.

적용

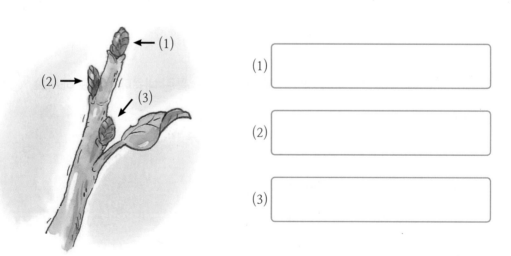

(1)

(2)

(3)

어휘력 기르기

1단계   다음 낱말의 뜻을 찾아 선으로 이으세요.

(1) 싹 •

(2) 가지 •

(3) 비늘 •

• ㉠ 나무나 풀의 원줄기(중심 줄기)에서 뻗어 나온 줄기.

• ㉡ 씨, 줄기, 뿌리 등에서 처음 돋아나는 어린 잎이나 줄기.

• ㉢ 물고기의 겉에 있는 단단하고 작은 조각과 비슷하게 생긴 물건을 이르는 말.

2단계   위에서 배운 낱말을 빈칸에 넣어 문장을 완성하세요.

(1) 겨울눈 겉에 있는 [　　　　　] 이 겨울의 찬 바람을 막아 준다.

(2) [　　　　　] 가 아래로 축 처질 정도로 감이 많이 열렸다.

(3) 봄이 되자 겨울눈이 벌어지더니 [　　　　　] 이 나왔다.

3단계   다음 뜻에 알맞은 낱말을 빈칸에 넣어 십자말풀이를 하세요.

(1) 짐승이나 새의 오래된 털이 빠지고 새 털이 나는 일.

(2) 바로 다음의 해.

(3) 싸움을 멈추고 서로 가지고 있던 나쁜 감정을 풀어서 없앰.

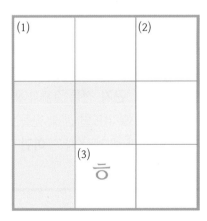

전래 동화를 읽거나 어른들께 옛날이야기를 듣다 보면 가끔 '장승'이라는 낱말을 접하게 됩니다. 요즘은 찾아보기 어렵지만 옛날에는 마을마다 장승을 만들어 세웠습니다.

장승을 만드는 재료에는 크게 두 가지가 있습니다. 나무와 돌입니다. 경기도와 충청도에서는 주로 나무를 깎아 장승을 만들었습니다. 그보다 남쪽 지역인 전라도와 경상도에서는 돌로 장승을 만드는 일이 많았습니다.

장승은 여러 모습으로 만들어졌습니다. 무서운 도깨비, 친근한 할아버지, 우스꽝스러운 표정을 한 사람 등으로 모양을 새깁니다. 대부분 팔다리는 없이 얼굴과 몸통으로 이루어졌습니다.

장승은 남자와 여자로 나뉩니다. 남자 장승은 '천하대장군'이나 '상원대장군'이라고 합니다. 대부분 머리에 **관모**를 쓴 채 ㉠ 눈을 **부릅뜨고** 있습니다. 덧니나 수염이 있는 것도 있습니다. 여자 장승은 '지하대장군, 지하여장군, 하원대장군'이라고 부릅니다. 머리에 관모는 씌우지 않습니다. 얼굴에는 **연지 곤지**를 찍고, 눈과 코를 크게 그립니다.

사람들이 장승을 세우는 까닭은 크게 두 가지입니다. 첫째, 세상의 나쁜 기운이나 **전염병**을 막아 달라는 바람입니다. 그래서 그 마음을 담아 장승에 **제사**를 지내기도 합니다. 둘째, 마을의 위치나 길의 방향을 알리기 위함입니다. 사람들은 장승을 주로 마을 **어귀**에 설치했습니다. 그래서 길을 잃은 사람도 장승을 보고 근처에 마을이 있음을 알았습니다. 마을이 어디부터 어디까지인지, 이 마을에서 저 마을까지 얼마나 떨어져 있는지도 알 수 있었습니다. 또 ㉡ 장승에 색을 칠해 방향을 알리기도 했습니다.

전래 예부터 전해 내려옴. 傳 전할 전 來 올 래　　**관모** 옛날에, 벼슬아치들이 쓰던 모자. 冠 관 관 帽 모자 모
부릅뜨고 무섭고 사납게 눈을 크게 뜨고.　　**연지** 여자가 화장할 때 입술이나 뺨에 찍는 붉은 물질. 臙 연지 연
脂 기름 지　　**곤지** 전통 결혼식에서 신부가 꾸밀 때 이마 가운데에 연지로 찍는 붉은 점.　　**전염병** 남에게 옮길
수 있는 병. 傳 퍼뜨릴 전 染 옮을 염 病 병 병　　**제사** 신이나 죽은 사람의 영혼에 음식을 바쳐 정성을 나타내는
일. 祭 제사 제 祀 제사 사　　**어귀** 어느 곳에 드나드는 길이 시작되는 부분.

1 이 글에서 가장 중요한 말은 무엇인가요?

핵심어

① 전래 동화　　　　　② 옛날이야기　　　　　③ 장승

④ 도깨비　　　　　　⑤ 전염병

2 다음 중 여자 장승을 부르는 말을 찾으세요.

내용
파악

① 지하여장군　　　　② 지상여장군　　　　③ 천하여장군

④ 상원대장군　　　　⑤ 하원여장군

3 장승의 모습에 대한 설명입니다. 틀린 것을 찾으세요.

내용
파악

① 장승의 모습은 다양하다.

② 장승에는 대부분 팔과 다리가 없다.

③ 남자 장승에는 머리에 관모를 씌운다.

④ 장승에 색을 칠하기도 한다.

⑤ 여자 장승은 남자 장승보다 눈과 코를 작게 그린다.

4 다음 지역에서는 주로 어떤 재료로 장승을 만드는지 이 글에서 찾아 쓰세요.

내용
파악

(1) 경기도, 충청도

(2) 전라도, 경상도

5 다음 중 마을에 세운 장승을 보고 알 수 있는 사실이 <u>아닌</u> 것을 찾으세요.

내용
파악

① 근처에 마을이 있나?　　　　　　② 마을이 어디부터 어디까지인가?

③ 옆 마을과 얼마나 떨어져 있나?　　④ 마을의 이름은 무엇인가?

6 장승은 ㉠처럼 무서운 표정으로 만든 것이 많습니다. 그 까닭은 무엇일까요?

추론

① 밤에 사람들을 놀라게 하려고.

② 나쁜 기운이나 전염병을 지닌 귀신에게 겁을 주어 마을에 못 들어오게 하려고.

③ 사람들이 함부로 건드리거나 망가뜨리지 못하게 하려고.

④ 죄를 지은 사람이 반성하게 하려고.

⑤ 도둑을 막기 위해서.

7 ㉡과 다음 설명을 읽고 마을의 각 방향의 장승에 어떤 색을 칠해야 할지 쓰세요.

적용

> 오방색이란 동서남북과 중앙을 상징하는 색이다. 동쪽은 파란색, 서쪽은 하얀색, 남쪽은 빨간색, 북쪽은 까만색, 가운데는 노란색이다.

북

(1) ⬚

서 (2) ⬚　　　　마을　　　　(3) ⬚ 동

(4) ⬚

남

1단계 다음 낱말에 알맞은 뜻을 찾아 줄로 이으세요.

(1) 제사 •

(2) 곤지 •

(3) 어귀 •

• ㉠ 전통 결혼식에서 신부가 꾸밀 때 이마 가운 데에 연지로 찍는 붉은 점.

• ㉡ 신이나 죽은 사람의 영혼에 음식을 바쳐 정 성을 나타내는 일.

• ㉢ 어느 곳에 드나드는 길이 시작되는 부분.

2단계 위에서 배운 낱말을 빈칸에 넣어 문장을 완성하세요.

(1) 우리 마을 ☐ ☐ 에 개나리가 활짝 피어 있다.

(2) 이모는 이마에 ☐ ☐ 를 찍고 전통 결혼식을 치르셨다.

(3) 할아버지 ☐ ☐ 를 지내려고 친척들이 모두 모였다.

3단계 다음 뜻에 알맞은 낱말을 빈칸에 넣어 십자말풀이를 하세요.

(1) 남에게 옮길 수 있는 병.

(2) 예부터 전해 내려옴.

(3) 다치거나 병에 걸린 사람을 진찰하고 치료하는 곳.

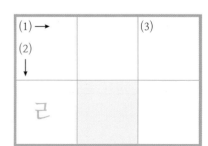

정연이는 놀이터에서 놀다가 미끄럼틀 한쪽 **틈**에 **옷자락**이 걸려서 바지가 찢어졌습니다. 미끄럼틀이 너무 위험하다는 생각이 들었습니다.

집에 돌아와 어머니께 말씀을 드리니, 어머니께서 컴퓨터를 켜시고는 구청 누리집에 불편 사항을 **신고**하는 게 어떠냐고 말씀하셨습니다. 그래서 정연이는 구청 누리집 불편 신고 **게시판**에 다음과 같이 글을 올렸습니다.

글쓰기

작성자	권정연	이메일	happy@△△△△.com
휴대 전화	010-△△△△-XXXX		
공개 여부	공개 ●　　비공개 ○		
제목	행복동 놀이터 미끄럼틀을 고쳐 주세요.		
글 내용			

안녕하세요? 저는 ○○ 초등학교 2학년 권정연입니다.

오늘 친구들과 ○○구 행복동 놀이터에서 놀고 있었습니다. 친구들이 먼저 미끄럼틀을 타고, 제 차례가 되어 미끄럼틀에 앉아 내려갈 때였습니다. 내려가는 **도중**에 미끄럼틀 틈에 옷이 끼어 찢어졌습니다. 친구들과 다시 올라가서 살펴보니 미끄럼틀의 **이음매**가 벌어져 있었습니다. 거기에 손가락이라도 끼인다면 어린이들이 크게 다칠 것 같아 이렇게 신고합니다.

어린이들이 **안심**하고 즐겁게 놀 수 있도록 미끄럼틀을 고쳐 주시면 좋겠습니다. 부탁드립니다.

감사합니다.

틈 벌어져 생긴 공간.　　**옷자락** 옷의 아래로 늘어진 부분.　　**신고** 국민이 관청에 어떤 사실을 알림. 申 알릴 신 告 알릴 고　　**게시판** 인터넷에서 여러 사람에게 알리는 글을 보거나, 올릴 수 있는 공간. 揭 걸 게 示 보일 시 板 문서 판　　**공개** 어떤 사실이나 내용을 여러 사람에게 드러냄. 公 여럿 공 開 열 개　　**여부** 그 러함과 그러하지 않음. 與 인정할 여 좀 아닐 부　　**도중** 일이 계속되고 있는 중간. 途 길 도 中 가운데 중 **이음매** 두 물체를 이은 자리.　　**안심** 모든 걱정을 버리고 마음을 편히 가짐. 安 편안할 안 心 마음 심

1

주제

정연이는 이 글을 게시판에 왜 올렸나요?

① 친구들과 즐겁게 논 내용을 기록하려고.

② 놀이터를 하나 더 지어 달라고 부탁하려고.

③ 놀이터에 그네를 지어 달라고 부탁하려고.

④ 놀이터에 미끄럼틀을 하나 더 지어 달라고 부탁하려고.

⑤ 놀이터 미끄럼틀이 고장 난 것을 알려, 고쳐 달라고 부탁하려고.

2

내용
파악

정연이의 옷이 찢어진 곳은 어디인가요?

○○구 ☐ ☐ ☐ 의 놀이터

3

내용
파악

정연이가 신고한 글에 담기지 <u>않은</u> 내용을 찾으세요.

① 신고한 사람의 이름

② 신고한 사람의 집 주소

③ 신고한 사람의 이메일 주소

④ 신고한 사람의 휴대 전화 번호

⑤ 신고한 내용 공개 여부

4 정연이가 신고한 내용은 무엇인가요?

내용
파악

┌─────────────────────────────────┐
│   │ 의 이음매가 벌어졌다.
└─────────────────────────────────┘

5 이 글의 내용과 <u>다른</u> 것을 찾으세요.

내용
파악

① 정연이는 초등학교 2학년 학생이다.

② 정연이는 친구들과 놀이터에서 놀았다.

③ 정연이는 놀이터에서 놀다가 손가락을 다쳤다.

④ 정연이의 옷이 찢어졌다.

⑤ 정연이는 구청 누리집에 신고 내용을 올렸다.

6 다음 상황이 벌어지면 어디에 신고해야 할까요? 알맞은 곳과 전화번호를 찾아 선으로 이으세요.

배경
지식

(1)
┌─────────────────────────┐
│ 어떤 사람이 다른 사람의 │
│ 돈과 물건을 훔치고 있다. │
└─────────────────────────┘
•   • ㉠
119 안전 신고 센터
119

(2)
┌─────────────────────────┐
│   │
│ 건물에 불이 났다.   │
│   │
└─────────────────────────┘
•   • ㉡
식품 의약품 안전처
1399

(3)
┌─────────────────────────┐
│ 불량 식품을   │
│ 만들어 팔고 있다.   │
└─────────────────────────┘
•   • ㉢
경찰
112

＊**불량 식품** 건강에 나쁜 물질을 사용하여 만든 식품.　　＊**의약품** 병을 치료하는 데에 쓰는 약품.

1단계　다음 낱말의 뜻을 찾아 선으로 이으세요.

(1) 공개　●

(2) 여부　●

(3) 안심　●

●　㉠ 그러함과 그러하지 않음.

●　㉡ 어떤 사실이나 내용을 여러 사람에게 드러냄.

●　㉢ 모든 걱정을 버리고 마음을 편히 가짐.

2단계　위에서 배운 낱말을 빈칸에 넣어 문장을 완성하세요.

(1) 이 박물관은 오늘 조선 시대의 물건을 새로 □□ 하였다.

(2) 이 음식은 좋은 재료로 만들었으니 □□ 하고 먹어도 된다.

(3) 드디어 오늘, 나의 회장 당선 □□ 가 밝혀진다.

3단계　다음은 틀리기 쉬운 낱말입니다. 바르게 쓴 낱말에 ○표 하세요.

(1) 자전거의 (이음새 / 이음매)가 벌어져 손을 다쳤다.

(2) (계시판 / 게시판)에 이번 그림 대회 1, 2, 3등의 이름이 적혀 있었다.

(3) 나는 텔레비전을 (켜고 / 키고) 가장 좋아하는 만화를 보았다.

5주
23회

바람

방정환

㉠ 바람은 이상해요
귀신 같애요.
몸뚱이 안 보이는
도깨비야요.
㉡ 이후후 소리치며
몰려와서는,
교장 선생 모자를
㉢ 벗겨 가지요.

바람은 우스워요
뱃심 좋아요.
㉣ 얼음같이 차디찬 손
벌리고 와서,
따뜻한 내 몸뚱이
만져 보려고,
저고리를 살그머니
㉤ 들치곤 해요.

귀신 사람이 죽은 뒤에 남는다는 영혼. 鬼 귀신 귀 神 귀신 신   **몸뚱이** '몸'을 천하게 이르는 말.   **도깨비** 동물이나 사람의 모습을 한 귀신의 하나.   **교장** 학교에서 가장 높은 위치에 있는 사람. 校 학교 교 長 어른 장   **뱃심** 부끄러움이나 두려움이 없이 자기 고집대로 해 나가는 힘.   **저고리** 한복 윗옷의 하나.

1 이 시에서 가장 중요한 낱말은 무엇인가요?

핵심어

① 바람   ② 귀신   ③ 도깨비

④ 모자   ⑤ 저고리

2 이 시에서 바람을 무엇에 빗대어 표현했나요?

표현

① 교장 선생   ② 모자   ③ 도깨비

④ 몸뚱이   ⑤ 저고리

3 이 시의 2연에서 말하는 이가 바람에게 느끼는 기분을 고르세요.

내용
파악

① 무섭다   ② 슬프다   ③ 우습다

④ 화난다   ⑤ 지겹다

4 바람이 말하는 이의 저고리를 들친 이유는 무엇인가요?

내용
파악

① 교장 선생님 모자를 숨기려고.

② 몸뚱이를 갖고 싶어서.

③ 저고리를 갖고 싶어서.

④ 따뜻한 몸뚱이를 만져 보려고.

⑤ 부끄러워서 저고리 안으로 숨으려고.

5 **어휘** '부끄러움이나 두려움이 없이 자기 고집대로 해 나가는 힘'의 뜻을 지닌 낱말을 찾아 쓰세요.

6 **표현** 이 시에서는 바람을 살아 있는 것처럼 표현했습니다. ㉠~㉤중 이러한 표현이 <u>아닌</u> 것을 고르세요.

① ㉠ 바람은 이상해요

② ㉡ 이후후 소리치며

③ ㉢ 벗겨 가지요

④ ㉣ 얼음같이 차디찬 손

⑤ ㉤ 들치곤 해요

7 **감상** 이 시와 <u>관계없는</u> 느낌이나 생각을 말한 친구를 고르세요.

① 인수: 바람을 귀신과 도깨비에 빗대어 표현한 게 신선해.

② 기철: 교장 선생님 모자를 벗겨 간다는 부분에서 나도 모르게 웃음이 나왔어.

③ 유미: 나도 주변에서 일어나는 현상을 소재로 재미있는 시를 지어 보고 싶어졌어.

④ 경표: 바람을 장난기 많은 사람처럼 표현해서 재미있어.

⑤ 하은: 내일은 바람이 많이 분대. 옷을 따뜻하게 입어야겠어.

어휘력 기르기

1단계 다음 낱말들의 뜻을 알맞게 이으세요.

(1) 귀신 •

(2) 몸뚱이 •

(3) 도깨비 •

(4) 교장 •

• ㉠ '몸'을 천하게 이르는 말.

• ㉡ 사람이 죽은 뒤에 남는다는 영혼.

• ㉢ 학교에서 가장 높은 위치에 있는 사람.

• ㉣ 동물이나 사람의 모습을 한 귀신의 하나.

2단계 다음 문장의 빈칸에 알맞은 낱말을 위에서 찾아 쓰세요.

(1) 집에 불이 나서 내게 남은 거라고는 [   ] 밖에 없다.

(2) [   ] 선생님께서 내게 상장을 직접 주셨다.

3단계 다음 중 '살그머니'의 비슷한말이 아닌 낱말을 고르세요.

(1)
> **살그머니**: 남이 알아차리지 못하게.

① 살며시   ② 가만히   ③ 살짝

④ 시끄럽게   ⑤ 몰래

옛날 어느 마을에 가난한 농부와 마음씨 착한 아내가 살았습니다. 부부에게 재산이라고는 작은 밭과 말 한 **필**이 전부였습니다.

어느 날, 농부는 시장에 가서 말을 필요한 물건과 바꿔야겠다고 말했습니다. 아내도 좋다고 대답했습니다. 시장으로 향하던 농부는 젖소를 끌고 오는 남자를 만났습니다. 농부는 젖소가 있으면 아내와 매일 맛있는 우유를 먹을 수 있겠다고 생각했습니다. 그래서 말과 젖소를 바꾸자고 했습니다. 남자는 자신의 젖소를 훨씬 비싼 말과 바꾸자는 제안에 얼른 젖소를 내주었습니다.

농부는 말을 필요한 물건과 바꾸었지만, 시장을 구경하고 싶었습니다. 그래서 젖소를 끌고 시장으로 향하다 길가에서 풀을 뜯고 있는 염소를 보았습니다. 농부는 염소가 젖소보다 훨씬 키우기 쉬울 거란 생각이 들었습니다. 그래서 염소 주인에게 젖소와 염소를 바꾸자고 말했습니다. 염소 주인은 젖소와 염소를 **흔쾌히** 바꾸어 주었습니다.

농부는 염소를 끌고 시장을 둘러보았습니다. 그러다 멀리서 거위를 안고 오는 청년이 눈에 띄었습니다. 포동포동 살이 오른 거위를 보니 거위 고기를 좋아하는 아내가 떠올랐습니다. 거위를 보고 기뻐할 아내 생각에 농부는 청년에게 염소와 거위를 바꾸자고 부탁했습니다. 청년은 **얼씨구나** 하고 거위를 내주었습니다.

농부는 뿌듯한 마음으로 시장을 거닐었습니다. 그런데 이번에는 암탉을 안고 있는 할아버지가 보였습니다. 닭은 떨어진 **곡식 낟알**을 주워 먹으며 혼자서도 잘 크겠다는 생각에 농부는 또 거위와 닭을 바꾸었습니다.

기분이 좋아진 농부는 휘파람을 불며 시장을 나섰습니다. 그때 한 **마부**가 커다란 **자루**를 짊어지고 농부 옆을 지나갔습니다. 마부의 자루 속에는 돼지 먹이로 쓸 썩은 사과가 가득 들어 있었습니다.

'썩은 사과를 **거름**으로 쓰면 우리 사과나무에도 사과가 주렁주렁 열릴 거야.'

농부는 또다시 썩은 사과와 닭을 맞바꾸었습니다. 농부는 썩은 사과 자루를 들고 식당에 갔습니다. 밥을 먹으며 집에서 끌고 나온 말이 썩은 사과로 바뀌기까지의 과정을 신나게 떠들었습니다.

그때 식당 한쪽에서 밥을 먹던 한 신사가 농부에게 말했습니다.

"이 썩은 사과를 보고도 당신 부인이 불평하지 않으면, 내가 **금화**를 한 자루 주겠소. 그러나 불평을 하면 썩은 사과는 그냥 내게 주시오."

농부는 신사와 함께 집으로 돌아왔습니다. 그리고 아내에게 썩은 사과를 가지고 돌아오게 되기까지의 이야기를 했습니다.

"㉠ 잘하셨어요. 우리 사과밭에 거름을 주고도 남을 만큼 양이 많네요. 이 거름 덕분에 내년엔 사과로 부자가 되겠는걸요. 역시, 당신이 하는 일은 모두 옳아요."

결국, 신사는 농부에게 금화를 한 자루를 주었습니다. 농부 부부는 큰 부자가 되어 어려운 이웃을 도우며 행복하게 살았습니다.

– 안데르센, 〈썩은 사과〉

필 말이나 소를 세는 단위. 匹 마리 필   **흔쾌히** 기쁘고 유쾌하게. 欣 기쁠 흔 快 유쾌할 쾌   **얼씨구나** 흥겨울 때 장단에 맞추어 내는 소리.   **곡식** 식량이 되는 쌀, 보리, 콩 따위를 통틀어 이르는 말. 穀 곡식 곡 食 밥 식   **낟알** 껍질을 벗기지 않은 곡식의 알.   **마부** 마차나 말을 이용한 수레를 모는 사람. 馬 말 마 夫 일꾼 부   **자루** 물건을 담을 수 있도록 헝겊 따위로 길고 크게 만든 주머니.   **거름** 식물이 잘 자라도록 땅에 뿌리거나 섞는 물질.   **금화** 금으로 만든 돈. 金 금 금 貨 돈 화

1

내용
파악

농부가 시장에 간 까닭은 무엇인가요?

① 말을 먹을거리와 바꾸려고.

② 말을 필요한 물건과 바꾸려고.

③ 말을 팔아 썩은 사과를 사려고.

④ 말을 팔아 돈을 벌려고.

⑤ 말을 다른 동물과 바꾸려고.

2

내용
파악

농부가 바꾼 동물을 빈칸에 순서대로 쓰세요.

말 → 젖소 → ☐☐ → ☐☐ → ☐ → 썩은 사과

3 사람들은 왜 농부와의 거래를 흔쾌히 받아들였을까요?

추론

① 가던 길이 바빠서.

② 농부가 무서워서.

③ 농부가 착해 보여서.

④ 농부가 불쌍해서.

⑤ 농부의 동물이 더 값진 것이어서.

4 이 글의 내용과 다른 것을 고르세요.

내용
파악

① 농부 부부의 재산은 작은 밭과 말 한 필뿐이었다.

② 농부는 썩은 사과를 판 대가로 금화를 받았다.

③ 농부는 썩은 사과를 거름으로 사용하려고 했다.

④ 농부는 거위를 보니, 거위 고기를 좋아하는 아내가 떠올랐다.

⑤ 농부는 매일 맛있는 우유를 먹을 생각에 말과 젖소를 바꾸었다.

5 ㉠에서 짐작할 수 있는 아내의 성격을 고르세요.

추론

① 거짓말을 잘한다.

② 자존심이 세다.

③ 욕심이 많다.

④ 남편을 신뢰한다.

⑤ 남에게 베풀기 좋아한다.

6 이 글과 어울리지 않는 감상을 말한 사람은 누구인가요?

감상

① 지영: 젖소와 염소를 바꿀 때에는 농부가 너무 손해 보는 것 같아 안타까웠어.

② 진혁: 거위를 보고 기뻐할 아내를 떠올린 걸 보니, 농부는 아내를 사랑하는 것 같아.

③ 수민: 농부는 참 영리해. 신사의 금화를 빼앗으려고 일부러 자신의 얘기를 알렸어.

④ 은서: 농부의 아내는 무척 긍정적인 사람이야. 나라면 썩은 사과를 보고 화를 냈을 텐데.

⑤ 주미: 물건을 바꾸는 과정에서 농부는 값을 비교하기보다 부부에게 필요한 것을 택했어. 그런
면에서 농부는 욕심부리지 않고 작은 것에 만족할 줄 아는 사람 같아.

어휘력 기르기

1단계 다음 낱말들의 뜻을 찾아 줄로 이으세요.

(1) 곡식 •

(2) 낟알 •

(3) 자루 •

• ㉠ 식량이 되는 쌀, 보리, 콩 따위를 통틀어 이르는 말.

• ㉡ 물건을 담을 수 있도록 헝겊 따위로 길고 크게 만든 주머니.

• ㉢ 껍질을 벗기지 않은 곡식의 알.

2단계 위에서 배운 낱말을 빈칸에 넣어 문장을 완성하세요.

(1) 할머니께서는 옥수수를 ☐☐ 에 넣고 단단히 묶으셨다.

(2) 배가 고픈 흥부는 ☐☐ 을 얻으러 놀부를 찾아갔다.

(3) 기계에 ☐☐ 을 부으니 쌀이 하얀 속살을 드러내며 쏟아졌다.

3단계 다음 설명을 읽고 빈칸에 알맞은 낱말을 넣어 문장을 완성하세요.

거름: 식물이 잘 자라도록 땅에 뿌리거나 섞는 물질.

걸음: 두 발을 번갈아 옮겨 놓는 동작.

(1) 정은이는 쉬는 시간이 되자마자 빠른 ☐☐ 으로 화장실에 갔다.

(2) 할머니께서 상추가 잘 자라도록 밭에 ☐☐ 을 뿌리셨다.

속담은 **조상**들이 살아오면서 얻은 **깨달음**을 담은 문장입니다. 그래서 속담에는 조상의 지혜와 **교훈**이 담겨 있습니다. "가는 말이 고와야 오는 말이 곱다"라는 속담에는 말을 곱게 하라는 교훈이, "돌다리도 두들겨 보고 건너라"라는 속담에는 잘 아는 일이라도 꼼꼼하게 확인하고 주의하라는 가르침이 담겨 있습니다.

날씨와 관련한 속담은 조상들의 경험으로 만들어진 것이 많습니다. "봄추위가 **장독** 깬다"라는 속담은, ㉠ 이른 봄에 한겨울과 같은 추위가 오기도 한다는 뜻을 담은 말입니다. "가을비는 빗자루로도 막는다"는, 가을비는 여름비와 다르게 양이 적고 횟수도 적다는 뜻으로 쓰입니다. **(가)**

말과 관련해 교훈을 전하는 속담도 있습니다. **무심코** 한 말이 실제로 이루어질 수 있다는 뜻의 "말이 씨가 된다", 말은 순식간에 멀리까지 퍼져 나간다는 뜻의 "발 없는 말이 천 리 간다"는 둘 다 말조심하라는 가르침을 주고 있습니다. **(나)**

음식을 소재로 한 "그림의 떡"은, 아무리 마음에 들어도 이용할 수 없거나 차지할 수 없는 경우를 이르는 속담입니다. **(다)**

동물과 관련한 속담도 많습니다. "닭 잡아먹고 오리발 내놓기"는 어떤 일을 하고 나서 **시치미**를 뗄 때를 **비유**한 말이고, "토끼가 제 방귀에 놀란다"는 남몰래 저지른 일이 걱정되어 겁을 먹은 경우를 비유한 속담입니다. **(라)**

말하거나 글을 쓸 때에 속담을 활용하면 자신의 생각을 좀 더 쉽고 분명하게 전할 수 있습니다.

조상 지금 사람들보다 앞선 시대에 살던 사람들. 祖 조상 조 上 위 상　**깨달음** 깊이 생각하다 확실히 알게 되는 것.　**교훈** 행동이나 생활에 도움이 되는 가르침. 敎 가르칠 교 訓 가르칠 훈　**장독** 간장, 된장, 고추장 등을 담아두는 항아리. 醬 장 장　**무심코** 아무런 뜻이나 생각이 없이. 無 없을 무 心 생각 심　**시치미** 알면서도 모르는 척하거나, 하고도 하지 않은 척하는 것.　**비유** 어떤 것을 그와 비슷한 사물이나 현상을 빌려서 표현하는 것. 比 견줄 비 喩 비유할 유

1 이 글에서 가장 중요한 낱말은 무엇인가요?

핵심어

① 조상   ② 속담

③ 교훈   ④ 소재

⑤ 동물

2 이 글의 내용과 <u>다른</u> 문장을 고르세요.

내용
파악

① 속담에는 지혜와 교훈이 담겨 있다.

② 날씨에 관한 속담은 조상의 경험으로 만들어진 것이 많다.

③ 속담은 웃음을 주려고 지어낸 이야기다.

④ 속담을 활용하면 자신의 생각을 쉽게 전할 수 있다.

⑤ 속담은 조상이 살아오면서 얻은 깨달음을 담은 문장이다.

3 속담과 그 뜻을 바르게 연결하세요.

내용
파악

(1) 돌다리도 두들겨 보고 건너라 •   • ㉠ 말을 곱게 하라.

(2) 말이 씨가 된다 •   • ㉡ 어떤 일을 하고 나서 시치미를 뗀다.

(3) 가는 말이 고와야 오는 말이 곱다 •   • ㉢ 잘 아는 일이라도 꼼꼼하게 확인하고 주의하라.

(4) 닭 잡아먹고 오리발 내놓기 •   • ㉣ 무심코 한 말이 실제로 이루어질 수 있으니 말조심하라.

4 다음 내용이 들어갈 자리는 어디인가요?

> "누워서 떡 먹기"는 매우 간단하고 쉬운 일을 비유한 속담입니다.

① (가)　　　　　② (나)　　　　　③ (다)　　　　　④ (라)

5 밑줄 친 ㉠과 반대의 뜻을 지닌 낱말을 고르세요.

어휘

① 급한　　　　　② 늦은　　　　　③ 빠른
④ 따뜻한　　　　⑤ 시원한

6 아래 대화를 읽고, 밑줄 친 곳에 어울리는 속담을 고르세요.

적용

> 재영: 태영아, 뭐해?
>
> 태영: 누나는 보면 몰라? 나, 책 읽고 있잖아.
>
> 재영: 아니, 10분도 안 돼서 책 한 권을 다 읽은 거야?
>
> 태영: 응! 30분 동안 벌써 다섯 권이나 읽었어.
>
> 재영: 그럼, 방금 읽은 책 내용 좀 말해 줄래?
>
> 태영: 그러니까 할머니가 살았는데, 어느 날……. 에잇, 몰라! 누나가 직접 읽어.
>
> 재영: 그렇게 "＿＿＿＿＿＿＿＿＿"로 읽지 말고 꼼꼼하게 책을 읽어야지.

① **쇠귀에 경 읽기**: 아무리 알려 주어도 알아듣지 못한다.

② **수박 겉 핥기**: 겉만 알 뿐 속 내용은 전혀 모른다.

③ **쇠뿔도 단김에 빼라**: 어떤 일이든 하려고 생각했으면 곧바로 행동으로 옮겨라.

④ **친구 따라 강남간다**: 다른 사람이 하니 따라서 한다.

⑤ **한 귀로 듣고 한 귀로 흘린다**: 남이 알려 주는 말을 대강 듣는다.

1단계   다음 낱말의 뜻을 찾아 줄로 이으세요.

(1) 조상 ●   ● ㉠ 지금 사람들보다 앞선 시대에 살던 사람들.

(2) 교훈 ●   ● ㉡ 어떤 것을 그와 비슷한 사물이나 현상을 빌려서 표현하는 것.

(3) 비유 ●   ● ㉢ 행동이나 생활에 도움이 되는 가르침.

2단계   위에서 배운 낱말을 빈칸에 넣어 문장을 완성하세요.

(1) 주하는 책을 읽고 나서, 참을성을 길러야 한다는 [ ][ ] 을 얻었다.

(2) 민속촌에 가면 우리 [ ][ ] 의 생활 모습을 살펴볼 수 있다.

(3) 시인은 초승달을 눈썹에 [ ][ ] 하여 표현했다.

3단계   다음 설명을 읽고, 밑줄 친 낱말의 뜻을 찾아 그 번호를 쓰세요.

> 담다   ① 어떤 물건을 그릇 등에 넣다.
>
>   ② 글, 그림, 노래 등에 어떤 내용을 나타내다.

(1) 수정이는 꽃병에 물을 <u>담았다</u>.   (   )

(2) 준서는 봄의 느낌을 그림에 <u>담았다</u>.   (   )

(3) 효민이는 감사한 마음을 <u>담아</u> 부모님께 편지를 썼다.   (   )

6주
26회

겨울이 되어 날씨가 많이 추워지면 사람들은 "동장군이 왔다"라고 말합니다. 추위가 매우 심해진 것을 무서운 '장군'에 비유하여 나타낸 말입니다. 이렇게 날씨가 추워지면 소변이 더 자주 마려워진다고 느끼는 사람이 많습니다. 실제로 소변이 더 마려워지는 걸까요? 만약 그렇다면 왜 그럴까요?

그 까닭을 알려면 먼저 소변에 대해 알아야 합니다. 피는 핏줄을 타고 돌면서 산소와 영양분을 온몸에 구석구석 전달하고 **노폐물**을 받아 옵니다. **콩팥**은 ㉠ 이 피를 **걸러** 노폐물이 담긴 물을 **방광**으로 보냅니다. 이것이 바로 소변입니다.

소변이 방광에 어느 정도 차면 소변이 마렵다는 느낌이 듭니다. 사람에 따라, 먹고 마시는 음식에 따라 하루에 누는 소변량이 다릅니다. 물을 많이 마시면 소변량이 늘어납니다. 또 녹차나 커피 등을 마시면 소변이 자주 마려워집니다. 스트레스를 받거나 긴장해도 소변을 보고 싶은 느낌이 자주 듭니다.

추울 때도 마찬가지입니다. 그 까닭은 크게 세 가지입니다. 첫째로, 겨울에는 땀을 거의 흘리지 않습니다. 우리 몸은 수분을 눈물, 땀, 대변, 소변 등으로 **배출**합니다. 하지만 겨울에는 춥기 때문에 땀을 흘릴 일이 적습니다. 그러면 우리 몸은 수분량을 조절하기 위해 오줌을 더 많이 만들어냅니다. 다음으로, 우리 몸이 열심히 일하면 소변이 많이 생깁니다. 겨울에는 체온을 유지하기 위해 몸이 열심히 일합니다. 이 과정에서 소변량이 늘어납니다. 마지막으로, 추워지면 방광도 자극을 받습니다. 그래서 소변을 보고 싶은 느낌이 더 자주 듭니다.

겨울에, 그리고 날씨가 추운 날에 소변을 자주 누는 것은 당연한 일입니다. 그리고 몸이 건강하다는 뜻입니다.

노폐물 몸속에서 만들어진 물질 가운데 몸에 필요 없는 것. 老 늙을 노 廢 버릴 폐 物 물건 물   **콩팥** 몸속에 생긴 불필요한 물질을 밖으로 내보내고 수분을 일정하게 유지하는 장기. 강낭콩 모양으로 생겨 몸속 좌우에 하나씩 있다. ⑪ 신장   **걸러** 불필요한 것은 버리고 필요한 것만 골라내어.   **방광** 콩팥에서 흘러나오는 오줌을 저장하였다가 일정한 양이 되면 몸 밖으로 내보내는 기관. 膀 오줌통 방 胱 오줌통 광   **배출** 안에서 밖으로 밀어 내보냄. 排 밀어낼 배 出 나갈 출

1

주제

무엇에 대해 쓴 글인가요?

① 겨울이 추운 까닭.

② 동장군의 뜻.

③ 소변이 생기는 과정.

④ 피가 생기는 과정.

⑤ 추울 때 소변이 더 마려워지는 까닭.

2

내용
파악

소변이 만들어져 배출되기까지의 과정입니다. 빈칸에 알맞은 낱말을 쓰세요.

| 피 | → (1) | → (2) | → | 배출 |

3

내용
파악

소변이 자주 마려운 까닭이 아닌 것을 찾으세요.

① 물을 많이 마셨다.

② 녹차나 커피를 마셨다.

③ 스트레스를 받았다.

④ 운동으로 땀을 많이 흘렸다.

⑤ 긴장했다.

4 ㉠은 어떤 피인가요?

내용
파악

① 산소가 많이 담긴 피.　　　　② 영양분이 많이 담긴 피.

③ 노폐물이 담긴 피.　　　　　④ 몸 밖으로 나온 피.

⑤ 소변에 섞인 피.

5 우리 몸은 다음을 통해 수분을 배출합니다. 이 글에 담기지 <u>않은</u> 것은 무엇인가요?

내용
파악

① 눈물　　　　　② 대변　　　　　③ 콧물

④ 땀　　　　　　⑤ 소변

6 다음 중 추울 때 소변이 더 마려운 까닭이 <u>아닌</u> 것을 찾으세요.

내용
파악

① 추우면 땀을 거의 흘리지 않는다.

② 추우면 대변을 거의 보지 않는다.

③ 추우면 몸이 열심히 일해 소변이 많이 생긴다.

④ 추우면 방광이 자극을 받는다.

7 다음 중 이 글에 담긴 내용은 무엇인가요?

내용
파악

① 소변이 생기는 과정.

② 방광의 위치.

③ 피가 빨간 까닭.

④ 우리 몸이 체온을 유지하는 까닭.

⑤ 사람이 하루에 누는 소변량.

1단계 다음 낱말의 뜻을 찾아 선으로 이으세요.

(1) 콩팥 •

(2) 방광 •

(3) 배출 •

• ㉠ 안에서 밖으로 밀어 내보냄.

• ㉡ 오줌을 저장하였다가 몸 밖으로 내보내는 기관.

• ㉢ 몸속에 생긴 불필요한 물질을 밖으로 내보내고 수분을 일정하게 유지하는 장기.

2단계 위에서 배운 낱말을 빈칸에 넣어 문장을 완성하세요.

(1) ☐☐ 에서 생긴 소변은 (2) ☐☐ 에 저장되어 있다가 일정한 양이 되면

몸 밖으로 (3) ☐☐ 된다.

3단계 '오줌'과 '소변'은 같은 뜻을 지닌 낱말입니다. 다만, '오줌'은 고유어(우리나라에서 옛날부터 쓰던 말), '소변'은 한자어입니다. 다음 설명을 읽고 빈칸에 '량'이나 '양'을 알맞게 쓰세요.

量 : 어떤 물건의 개수나 많고 적음 등을 나타내는 말.

헤아릴 량 양   '양'은 고유어나 외래어 다음에, '량'은 한자어 다음에 붙여 쓴다.

(1) 물을 많이 마셔서 그런지 오줌 ☐ 이 많아졌다.

(2) 갑자기 소변 ☐ 이 늘었다면 병원에 가서 검사를 받는 것이 좋다.

마더 테레사는 가난하고 아픈 사람들을 위해 살았던 **수녀**입니다. 1910년, 마케도니아에서 태어난 그녀는 어릴 적부터 **신앙심**이 깊었습니다. 성장하면서 자연스레 수녀가 되기로 마음먹었습니다.

테레사는 열여덟 살에 수녀가 되었습니다. 인도에서 수녀 생활을 시작하며 틈틈이 아이들을 가르치고 병원에서 환자를 돌보았습니다. 그러던 어느 날, 거리에서 가난과 질병으로 고통받는 사람들을 보고 평생 그들을 돕겠다고 결심했습니다. 그 후, 실제로 가난하고 병든 사람들을 보살펴 주었습니다.

인도의 거리에는 도움이 필요한 사람들이 넘쳐 났습니다. 하지만 **수녀원**의 **엄격한** 규칙 때문에 마음껏 그들을 도울 수 없었습니다. 테레사는 더 많은 사람을 돌보기 위해 1948년에 수녀원을 나왔습니다. 그러고는 아이들을 가르치기 위해 학교를 세웠고, 가난하고 병든 사람들을 위해 무료 **진료소**를 운영했습니다. 테레사의 제자들도 찾아와 일을 도왔습니다. 1950년, 테레사는 제자들과 함께 '사랑의 **선교회**'라는 단체를 만들었습니다.

'사랑의 선교회'를 돕기 위해 세계 여러 나라의 사람들이 **기부금**을 보내 주었습니다. 테레사는 그 기부금으로 돌봐 줄 사람이 없는 아이들을 위하여 **보육원**을 **설립**했습니다. 배고픈 사람들을 위해 무료 **급식소**도 만들었습니다. 또 거리에서 죽어가는 사람이 편안히 죽음을 맞도록 '죽음을 기다리는 집'을 세웠습니다.

이러한 **봉사** 정신을 인정받아, 테레사는 1979년에 노벨 평화상을 받았습니다. 테레사는 상금으로 받은 돈까지 가난한 사람들을 위해 사용했습니다. 가난한 사람들을 위해 평생을 바친 마더 테레사는 1997년에 세상을 떠났습니다.

마더 어머니. 여기서는 테레사가 세운 '사랑의 선교회'의 총장을 이르는 말. mother **수녀** 가톨릭(종교의 한 종류)을 믿으며 그 종교를 위해 일하는 여자. 修 닦을 수 女 여자 녀 **신앙심** 한 종교의 신을 믿고 따르는 마음. 信 믿을 신 仰 우러를 앙 心 마음 심 **수녀원** 수녀들이 모여 함께 생활하는 곳. 修 닦을 수 女 여자 녀 院 집 원

엄격한 규칙 따위가 철저한. 嚴 엄할 엄 格 격식 격　**진료소** 의사가 환자를 진찰하고 치료하는 곳. 診 진찰할 진 療 고칠 료 所 곳 소　**선교회** 종교를 널리 알릴 목적으로 만든 모임. 宣 베풀 선 敎 종교 교 會 모일 회　**기부금** 남을 도우려고 내어놓는 돈. 寄 맡길 기 附 줄 부 金 돈 금　**보육원** 부모나 보호자가 없는 아이를 기르며 가르치는 곳. 保 지킬 보 育 기를 육 院 집 원　**설립** 단체나 기관 따위를 새로 세우는 것. 設 세울 설 立 설 립　**급식소** 밥을 주는 곳. 給 줄 급 食 밥 식 所 곳 소　**봉사** 국가, 사회, 남을 위하여 일하는 것. 奉 받들 봉 仕 섬길 사

---

1 이 글은 누구에 관한 이야기인가요?

마더 ☐ ☐ ☐

2 마더 테레사가 한 일에는 ○표, 하지 않은 일에는 X표 하세요. ○표는 세 개입니다.
내용
파악

(1) 아이들을 위해 학교를 세웠다.　　　　　　　　　　　　　(　)

(2) 갈 곳 없는 노인들을 위해 양로원을 지었다.　　　　　　(　)

(3) 배고픈 사람들을 위해 무료 급식소를 만들었다.　　　　(　)

(4) 몸이 불편한 사람들을 대신해 집을 청소해 주었다.　　(　)

(5) 가난하고 병든 사람들을 위해 무료 진료소를 운영했다.　(　)

6주
28회

3 이 글의 특징으로 알맞은 것을 고르세요.
글의
종류

① 인물의 삶을 꾸며서 썼다.

② 자신이 겪은 일을 쓴 이야기다.

③ 인물의 삶을 사실에 근거하여 썼다.

④ 글쓴이가 만들어 낸 이야기다.

⑤ 감동을 주기 위해 인물이 한 일을 부풀려 썼다.

6주 | 28회　117

4 다음에서 설명하는 것을 앞 글에서 찾아 쓰세요.

스웨덴의 과학자 노벨이 만든 상이다. 인류의 평화를 위하여 큰 공을 세운 사람이나 단체에 이 상을 준다. 우리나라의 김대중 전 대통령도 이 상을 받았다.

□ □ □ □ □

5 이 글을 읽고 친구들과 이야기를 나누었습니다. 가장 어울리지 <u>않는</u> 감상을 말한 사람은 누구인가요?

감상

① 재영: 인도는 참 살기 좋은 곳 같아. 나도 크면 인도에 가서 살아야지.

② 충재: 어른이 되면 어려운 사람들을 돕고 싶어.

③ 서연: 가난한 사람들에게 테레사 수녀님은 어머니 같은 분이셨을 거야.

④ 유정: 평생 가난한 사람들을 위해 사셨던 테레사 수녀님이 존경스러워.

⑤ 기하: 자신보다 가난하고 아픈 사람들을 돌봐 주는 단체와 사람이 많아지면 좋겠어.

6 빈칸을 채워 마더 테레사의 삶을 정리하세요.

요약

1910년	(1) ( )에서 태어났다.
1928년	열여덟 살에 (2) ( )가 되었다.
1948년	수녀원을 나와 생활하며 학교와 무료 진료소를 세웠다.
1950년	(3) ( )라는 단체를 만들었다.
1979년	봉사 정신을 인정받아, (4) ( )을 받았다.
1997년	세상을 떠났다.

1단계 다음 낱말들의 뜻을 찾아 선으로 이으세요.

(1) 설립 •

(2) 봉사 •

(3) 수녀 •

• ㉠ 국가, 사회, 남을 위하여 일하는 것.

• ㉡ 단체나 기관 따위를 새로 세우는 것.

• ㉢ 가톨릭을 믿으며 그 종교를 위해 일하는 여자.

2단계 위에서 배운 낱말을 빈칸에 넣어 문장을 완성하세요.

(1) 할아버지께서는 50년 전에 학교를 □□ 하셨다.

(2) 재하는 매주 놀이터를 청소하는 □□ 활동을 한다.

(3) 진희는 '마더 테레사'를 읽고 □□ 가 되고 싶다는 생각을 했다.

3단계 다음 뜻에 알맞은 낱말을 빈칸에 넣어 십자말풀이를 하세요.

(1) ① 부모나 보호자가 없는 아이를 기르며 가르치는 곳.

② 수녀들이 생활하는 곳.

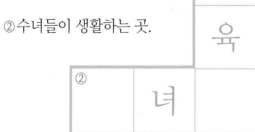

(2) ① 밥을 주는 곳.

② 의사가 환자를 진찰하고 치료하는 곳.

들강달강

전래 동요

들강달강 들강달강
서울 길을 올라가서
밤 한 **되**를 사다가
선반 밑에 두었더니
올랑졸랑 생쥐가
들락날락 다 까먹고
밤 한 **톨**이 남았구나

옹솥에다 삶을까
가마솥에다 삶을까
가마솥에다 삶아서
바가지로 건져서
겉껍질은 누나 주고
속껍질은 오빠 주고
알맹일랑 너랑 나랑
알공달공 나눠 먹자
들강달강 들강달강

들강달강 아이를 세워 두 손을 잡고 앞뒤로 밀었다 당겼다 하며 부르는 노래의 되풀이되는 소리. 달강달강. **되** 곡식, 가루, 액체 따위의 양을 재는 단위. 한 되는 약 1.8리터.　　**선반** 물건을 얹어 두기 위하여 벽에 달아 놓은 긴 널빤지.　　**올랑졸랑** 북한말로, 키가 작은 사람들이 뒤따르는 모양.　　**생쥐** 쥐의 한 종류. 몸의 길이가 6~10cm이다. 집 주변에서 볼 수 있는 것은 검은 회색, 검붉은색, 검은색 등이 있다.　　**톨** 밤이나 곡식의 낱알

을 세는 단위. **옹솥** 옹기(진흙으로 만든 그릇)로 만든 솥. **가마솥** 아주 크고 우묵한 솥. **알맹일랑** 알맹이는. **알공달공** 아기자기하고 사이좋게 사는 모양. 알콩달콩.

1

내용
파악

다음 중 이 글의 특징이 아닌 것을 찾으세요.

① 노래의 가사다.

② 2연 16행으로 이루어졌다.

③ 한 행이 일곱 글자나 여덟 글자로 이루어졌다.

④ 사람에게 해를 끼치는 동물을 없애자는 내용을 담고 있다.

⑤ 가사가 누군가에게 말하는 것처럼 쓰였다.

2

내용
파악

이 글에 대한 질문입니다. 다음 물음에 답하세요.

(1) 말하는 이는 밤을 어디에서 사 왔나요?

(2) 말하는 이는 밤을 얼마나 사 왔나요?   한 [   ]

(3) 말하는 이는 밤을 어디에 두었나요?   [   ] 밑

(4) 생쥐는 밤을 먹고 몇 톨 남겼나요?   [   ] 톨

3

내용
파악

말하는 이는 다음 중 어떤 밤을 먹게 될까요?

① 날밤   ② 군밤

③ 삶은 밤   ④ 찐 밤

⑤ 튀긴 밤

4 말하는 이는 밤을 나누어 먹자고 하였습니다. 말하는 이의 말대로 한다면 무엇을 누가 먹을까요?

내용
파악

이 글의 표현 그대로 쓰세요.

(1) 겉껍질

(2) 속껍질

(3) 알맹이 ⬚ 랑 ⬚

5 이 글을 <u>잘못</u> 읽은 사람을 고르세요.

내용
파악

① 태형: 말하는 이가 사 온 밤을 생쥐가 거의 다 먹어 버렸어.

② 지민: 말하는 이는 밤을 가마솥에 삶으려고 해.

③ 남준: 말하는 이는 삶은 밤을 바가지로 건진다고 했어.

④ 윤기: 말하는 이는 밤 알맹이를 둘이서 나누어 먹자고 했어.

⑤ 석진: 말하는 이는 생쥐에게 복수하려고 하고 있어.

6 이 글을 읽고 느끼기 <u>어려운</u> 마음을 고르세요.

감상

① 재미있다.

② 안타깝다.

③ 부끄럽다.

④ 정답다.

⑤ 우습다.

어휘력 기르기

1단계 다음 낱말의 뜻을 찾아 줄로 이으세요.

(1) 올랑졸랑 •

(2) 들락날락 •

(3) 알콩달콩 •

• ㉠ 자꾸 들어왔다 나갔다 하는 모양.

• ㉡ 아기자기하고 사이좋게 사는 모양.

• ㉢ 키가 작은 사람들이 뒤따르는 모양.

2단계 위에서 배운 낱말을 빈칸에 넣어 문장을 완성하세요.

(1) 선형이는 방에서 거실을 [ ][ ][ ][ ] 하고 있다.

(2) 일곱 난쟁이는 백설 공주를 [ ][ ][ ][ ] 따라갔다.

(3) 이모는 이모부와 [ ][ ][ ][ ] 재미있게 살고 계신다.

3단계 빈칸에 단위를 나타내는 낱말을 알맞게 쓰세요.

┌─────────────────────────────────────┐
│   되   톨   │
└─────────────────────────────────────┘

(1) '[ ]로 주고 말로 받는다'는 조금 주고 몇 배로 많이 받는 상황을 뜻하는 속담이다.

(2) 흥부네 집에는 쌀이 한 [ ]도 남지 않았다.

* 말: 곡식, 가루, 액체 따위의 양을 재는 단위. 한 말은 열 되다.

옛날 한 마을에 사냥을 좋아하는 부자가 살았습니다.

어느 날, 부자는 **머슴** 돌쇠에게 사냥 준비를 하라고 시켰습니다. 돌쇠는 부자의 활, 화살, **망태기**를 챙겨 들고 부자를 따라나섰습니다.

부자와 돌쇠는 이리저리 사냥감을 찾아다녔습니다. 숨을 헐떡거리며 열심히 돌아다니다 드디어 꿩 한 마리를 잡았습니다.

"배가 고파 기운이 없구나. 여기서 꿩이라도 구워 먹자."

돌쇠는 불을 피우고 그 위에 꿩을 올렸습니다. 고기 익는 냄새가 풍겨오자 부자는 꿩고기를 혼자 다 먹고 싶어졌습니다.

㉠ "돌쇠야, 이렇게 경치가 좋은 곳에 오면 시가 떠오르지 않느냐. 그러니 '까'로 끝나는 세 문장짜리 시를 먼저 짓는 사람이 고기를 다 먹는 것이다. 어떠냐?"

그러자 돌쇠가 꿩고기를 보며 말했습니다.

"고기가 다 익었을까? 얼마나 맛이 있을까? 어디 한번 먹어 볼까?"

말을 마치자마자 돌쇠는 꿩고기 한 **점**을 입에 넣었습니다.

"이 녀석아, 지으라는 시는 짓지도 않고 왜 고기를 먹느냐!"

"방금 제가 '까'로 끝나는 시를 짓지 않았습니까? 그러니 고기는 제 것입니다."

"뭐, 뭐야? 그게……. 그렇긴 하지만……."

부자는 말을 잇지 못했습니다. 그때 돌쇠가 부자에게 말했습니다.

㉡ "지금 고기를 안 드시면 기운이 빠지지 않겠습니까? 기운이 없으면 제대로 걷기 어렵지 않겠습니까? 그러면 제가 **어르신**을 업고 가게 되지 않겠습니까?"

부자는 돌쇠가 주는 고기를 먹었습니다. 그리고 자신의 행동을 돌이켜 보며 ㉢ 얼굴을 붉혔습니다.

– 전래 동화, 〈꾀 많은 머슴〉

머슴 어떤 집의 농사일이나 집 안의 여러 일을 해 주고 그 값을 받는 사람.　**망태기** 물건을 담아 들거나 어깨에 메고 다닐 수 있게 그물 모양으로 만든 도구.　**점** 잘라 내거나 뜯어낸 고기 조각을 세는 단위. 點 점 점　**어르신** 나이가 많은 사람을 높여 이르는 말.

1

주제

이 이야기의 중심 생각을 정리하였습니다. 빈칸에 알맞은 낱말을 쓰세요.

지나치게 ⬜ ⬜ 을 부리지 말자.

2

내용 파악

시 짓기 시합에서 누가 이겼나요?

⬜ ⬜

3

내용 파악

부자는 왜 ㉠처럼 말했나요?

① 시를 좋아해서.

② 꿩고기를 혼자 다 먹고 싶어서.

③ 돌쇠에게 꿩고기를 양보하려고.

④ 꿩고기를 먹을 힘마저 없어져서.

⑤ 돌쇠가 고기는 굽지 않고 게으름을 부려서.

4

추론

돌쇠는 왜 ㉡이라고 말했을까요?

① 꿩고기를 혼자 다 먹고 싶어서.

② 부자에게 자신을 업어 달라고 하려고.

③ 꿩고기가 부족해서.

④ 기운 없는 부자와 함께 가고 싶지 않아서.

⑤ 부자와 꿩고기를 나누어 먹으려고.

5 다음 중 부자의 성격을 가장 잘 나타낸 낱말을 고르세요.

추론

① 친절하다: 대하는 태도가 매우 정겹고 부드럽다.

② 정의롭다: 사람이 해야 할 바른길에서 어긋남 없이 올바르다.

③ 나태하다: 행동이나 성격이 느리고 게으르다.

④ 탐욕스럽다: 지나치게 탐내는 욕심이 있다.

⑤ 난폭하다: 행동이 몹시 거칠고 사납다.

6 다음 중 ⓒ에 담긴 마음은 무엇일까요?

추론

① 떳떳하다   ② 자랑스럽다

③ 부끄럽다   ④ 기쁘다

⑤ 슬프다

7 다음은 이 글에 나오는 부자의 말입니다. 이 글로 연극을 할 때, 어떤 목소리로 읽어야 할지 알맞은

추론 것을 선으로 이으세요.

(1) "그러니 '까'로 끝나는 세 문장짜리 시를 먼저 짓는 사람이 고기를 다 먹는 것이다. 어떠냐?" •	• ㉠	당황스럽고 화가 난 목소리
(2) "이 녀석아, 지으라는 시는 짓지도 않고 왜 고기를 먹느냐!" •	• ㉡	힘없이 작은 목소리
(3) "뭐, 뭐야? 그게……. 그렇긴 하지만……." •	• ㉢	욕심이 가득 찬 목소리

1단계   다음 낱말의 뜻을 찾아 선으로 이으세요.

(1) 머슴   •   • ㉠ 나이가 많은 사람을 높여 이르는 말.

(2) 어르신 •   • ㉡ 어떤 집의 농사일이나 집 안의 여러 일을
                                            해 주고 그 값을 받는 사람.

2단계   위에서 배운 낱말을 빈칸에 넣어 문장을 완성하세요.

(1) 아버지는 동네 [   ] 들을 모시고 잔치를 벌이셨다.

(2) 놀부는 [   ] 에게 밥도 주지 않고 일만 시킨다.

3단계   다음은 물건을 나르기 위해 만든 도구들입니다. 그림에 맞는 도구 이름을 알맞게 찾아 쓰세요.

(1) [   ]

(2) [   ]

지게   망태기

가족이란 결혼, 출산, **입양** 등으로 관계를 맺은 집단입니다. 가족은 사회를 구성하는 기본 집단으로, 구성 **형태**에 따라 확대 가족, 핵가족으로 나뉩니다.

자녀가 결혼한 후에도 부모와 함께 지내는 가족을 확대 가족이라 합니다. 오늘날에는 드물지만, 옛날에는 흔했던 가족 형태입니다. 우리 조상들은 대부분 농사를 지으며 살았기 때문에 **일손**이 매우 부족했습니다. 그래서 결혼을 해도 함께 모여 살았습니다. 확대 가족은 **구성원**이 많아 힘든 일이 있을 때 서로 도움을 받기 쉽습니다. 그리고 **세대** 간의 **친밀감**이 높습니다.

핵가족은 부부로만 이루어지거나, 부모와 결혼하지 않은 자녀가 함께 사는 가족을 말합니다. 오늘날에 흔히 볼 수 있는 가족 형태입니다. 사회가 발전하고 도시를 중심으로 일자리가 늘어나면서 핵가족을 이루고 사는 사람이 많아졌습니다. 자녀의 교육에 관심이 커져 많은 사람이 도시로 이동한 것도 핵가족이 늘어난 원인입니다.

이외에도 구성원의 특성에 따라 가족을 나눌 수도 있습니다. 부모 없이 **조부모**와 **손주**로 이루어진 조손 가족, 구성원 중에 외국인이 있는 **다문화** 가족, 부모 중 한 사람과 자녀로 구성된 한부모 가족, 결혼하지 않고 혼자 사는 **독신** 가족 등이 여기에 속합니다.

오늘날 사회는 점점 더 복잡해지고 있습니다. 가족들은 경제적인 이유에 따라 모이거나 흩어지기도 합니다. 그러면서 가족의 형태는 예전보다 더 다양해지고 있습니다.

입양 법적으로 부모와 자식 관계를 맺는 일. 入 들 입 養 기를 양　　**형태** 어떤 사물이 일정하게 갖추고 있는 모양. 形 모양 형 態 모습 태　　**일손** 일을 하는 사람.　　**구성원** 어떤 조직이나 단체를 이루고 있는 사람. 構 이룰 구 成 이룰 성 員 인원 원　　**세대** 같은 시대에 사는, 비슷한 나이의 사람 전체. 世 세대 세 代 세대 대　　**친밀감** 지내는 사이가 매우 친하고 가까운 느낌. 親 친할 친 密 가까울 밀 感 느낄 감　　**조부모** 할아버지와 할머니를 아울러 이르는 말. 祖 할아버지 조 父 아버지 부 母 어머니 모　　**손주** 손자와 손녀를 아울러 이르는 말. 孫 손자 손　　**다문화** 한 사회 안에 여러 민족이나 여러 나라의 문화가 섞여 있는 것을 이르는 말. 多 많을 다 文 글 문 化 될 화　　**독신** 남편이나 아내가 없는 사람. 獨 혼자 독 身 몸 신

1
제목

이 글의 제목으로 가장 적당한 것을 고르세요.

① 옛날의 결혼 풍습　　　　　　② 조상들이 농사짓던 방법

③ 다양한 가족　　　　　　　　④ 조손 가족의 특징

⑤ 독신 가족이 늘어나는 까닭

2
내용
파악

이 글에서 설명하고 있는 내용이 <u>아닌</u> 것을 고르세요.

① 가족의 뜻.

② 옛날에 확대 가족을 흔하게 볼 수 있었던 이유.

③ 오늘날에 핵가족을 쉽게 볼 수 있는 이유.

④ 조손 가족의 장점과 단점.

⑤ 다문화 가족의 의미.

3
내용
파악

핵가족에 대한 설명으로 바른 것을 고르세요.

① 가족 구성원 사이에서 친밀감을 느끼기 힘들다.

② 할아버지, 할머니, 부모, 자녀까지 함께 사는 가족을 말한다.

③ 확대 가족보다 구성원이 많아 힘든 일이 있을 때 서로 도움을 받기 쉽다.

④ 세대 간의 친밀감이 높다.

⑤ 사회가 발전하고 도시를 중심으로 일자리가 늘어나면서 많아졌다.

4
어휘

'남편이나 아내가 없는 사람'을 뜻하는 낱말을 이 글에서 찾아 쓰세요.

5 다음은 은희네 가족에 대한 글입니다. 은희네 가족의 형태로 알맞은 것을 고르세요.

적용

> 은희네 가족은 아버지와 어머니, 은희, 남동생 은수 이렇게 4명이다. 은희의 아버지는 미국인으로 햄버거 가게를 운영한다. 어머니는 한국인이고, 유치원 선생님이다. 은희는 초등학교 2학년이고, 은수는 유치원생이다.

① 확대 가족
② 조손 가족
③ 독신 가족
④ 다문화 가족
⑤ 한 부모 가족

6 다음은 명권이네 가족에 대한 글입니다. 가족 형태의 변화로 알맞은 것을 고르세요.

적용

> 명권이는 아버지, 어머니와 함께 살고 있었다. 그런데 할머니의 건강이 나빠져서 할머니, 할아버지도 함께 살게 되었다.

① 확대 가족 → 핵가족
② 핵가족 → 확대 가족
③ 핵가족 → 조손 가족
④ 확대 가족 → 조손 가족
⑤ 조손 가족 → 확대 가족

7 다음 중 가족에 대해 잘못 이해한 친구를 고르세요.

추론

① 보현: 가족은 사회 구성의 기본이 되는 아주 중요한 집단이야.
② 유정: 확대 가족은 핵가족보다 인원이 많아서 활기찰 것 같아.
③ 아윤: 가족을 이루려면 반드시 결혼과 출산을 해야 해.
④ 경화: 가족 중에 외국인이 있으면 그 나라의 문화를 더 쉽게 배울 수 있어.
⑤ 인수: 독신 가족은 혼자서 지내다 보니 가끔은 외로운 마음이 들 거야.

1단계　다음 낱말들의 뜻을 알맞게 이으세요.

(1) 일손　•　　　　　　　　　　　• ㉠ 일을 하는 사람.

(2) 구성원　•　　　　　　　　　• ㉡ 어떤 조직이나 단체를 이루고 있는 사람.

(3) 친밀감　•　　　　　　　　　• ㉢ 지내는 사이가 매우 친하고 가까운 느낌.

2단계　다음 글의 빈칸에 알맞은 낱말을 위에서 찾아 쓰세요.

(1) 요즘 농촌에서는 [　　　　　　　] 이 부족해서 난리다.

(2) 용훈이와 긴 시간을 알고 지내다 보니 [　　　　　　　] 이 생겼다.

(3) 우리 반은 [　　　　　　　] 간에 협동이 잘 이루어진다.

3단계　다음 설명을 읽고 빈칸에 알맞은 낱말을 고르세요.

(1) [　　　　　] 가족: 가족 중 양자로 받아들인 자녀가 있는 가족.

① 직계　　　　　② 이산　　　　　③ 부양

④ 유　　　　　　⑤ 입양

* 양자: 직접 낳지는 않지만 가족으로 받아들여 기르는 아이.

식물은 대부분 처음 싹을 **틔운** 자리에서 죽을 때까지 살아갑니다. **얼핏** 생각하면 식물은 아무 도움도 받지 않고 혼자서 자라는 것 같습니다. 하지만 싹이 자라서 꽃을 피우고 열매를 맺으려면 태양, 흙, 물, 공기의 도움이 있어야 합니다.

태양은 식물의 몸을 따뜻하게 데워 줍니다. 또 식물이 영양분을 만들어 낼 수 있게 도와줍니다. 식물이 잎에서 햇빛, 물, 공기를 이용하여 영양분을 만드는 과정을 광합성이라고 합니다.

흙은 비바람이 몰아쳐도 식물이 쓰러지지 않도록 단단히 붙잡아 줍니다. 그리고 흙 속에 있는 물과 영양분으로 식물이 자랄 수 있게 합니다. 흙 속에는 **미생물**이 많이 살고 있습니다. 그중에는 식물의 **생장**을 돕는 것도 있습니다.

식물 속에 들어온 물은 영양분을 필요한 곳으로 **운반**합니다. 여름철에는 더위를 식혀 주는 일도 합니다. 식물은 광합성을 할 때 물을 **분해**하여 사용합니다. 이때 남은 산소는 밖으로 내보냅니다. 생물들은 산소가 없으면 숨을 쉴 수 없습니다. 그래서 ⊙ '숲은 지구의 **허파**다'라고도 합니다.

우리 주변의 공기는 질소, 산소, 이산화 탄소 등 여러 기체가 섞여 이루어져 있습니다. 식물은 잎의 숨구멍으로 이산화 탄소를 흡수하여 광합성을 합니다. 그리고 호흡으로 산소를 ⊙ <u>빨아들여</u> 살아가는 데 필요한 **에너지**를 얻습니다.

지금도 식물들은 태양, 흙, 물, 공기의 도움을 받아 자라고 있습니다.

틔운 식물의 씨에서 싹을 나오게 한.　**얼핏** 생각이나 기억 따위가 문득 떠오르는 모양.　**미생물** 눈으로는 볼 수 없는 아주 작은 생물. 微 작을 미 生 살 생 物 물건 물　**생장** 나서 자람. 生 날 생 長 자랄 장　**운반** 물건 등을 옮겨 나름. 運 옮길 운 搬 옮길 반　**분해** 어떤 물질을 두 가지 이상의 물질로 나눔. 分 나눌 분 解 풀 해　**허파** 가슴안의 양쪽에 있어 호흡을 하는 기관.　**에너지** 어떤 물체가 일을 할 수 있는 힘. energy

1

제목

이 글의 제목으로 가장 알맞은 것을 고르세요.

① 식물의 한살이

② 식물의 광합성

③ 식물의 생장에 필요한 것들

④ 산소와 이산화 탄소

⑤ 숲은 지구의 허파

2

내용
파악

식물이 자라는 데에 필요한 것과 그것의 역할을 바르게 연결하세요.

(1) 태양 •

(2) 흙 •

(3) 물 •

(4) 공기 •

• ㉠ 쓰러지지 않게 붙잡아 줌. 영양분을 공급함.

• ㉡ 호흡하여 살아가게 함. 광합성을 하게 함.

• ㉢ 몸을 데우고, 광합성을 도와줌.

• ㉣ 영양분을 운반하고, 더위를 식힘.

7주
───
32회

3

내용
파악

이 글의 내용을 정리했습니다. 맞은 것에는 ○표, 틀린 것에는 X표를 하세요. ○표는 모두 세 개입니다.

(1) 식물은 대부분 싹을 틔운 자리에서 죽을 때까지 살아간다.　　　　(　　)

(2) 흙 속에는 식물의 생장을 돕는 미생물이 없다.　　　　(　　)

(3) 식물은 산소가 없어도 살아갈 수 있다.　　　　(　　)

(4) 공기는 여러 기체가 섞여 이루어져 있다.　　　　(　　)

(5) 물은 여름철에 식물을 식혀 주기도 한다.　　　　(　　)

4 식물이 햇빛, 물, 공기를 이용하여 영양분을 만드는 과정을 무엇이라 하나요?

내용
파악

5 ㉠을 가장 잘 이해한 사람은 누구인가요?

적용

① 정훈: 지구도 살아 있는 생물이야.

② 종민: 생물들이 숨을 쉬기 위해 숲이 꼭 필요하다는 느낌이 들었어.

③ 인우: 이산화 탄소를 만들어 내는 곳이라는 뜻 같아.

④ 민선: 숲에는 산소가 많아서 식물이 잘 자라지 않을 것 같아.

⑤ 미진: 지구에서 가장 깨끗한 곳이라는 뜻으로 쓰는 것 같아.

6 다음 밑줄 친 낱말 가운데 ㉡과 비슷한 말을 찾으세요.

어휘

① 식물은 싹을 <u>틔워</u> 죽을 때까지 한곳에서 살아간다.

② 태양은 식물의 몸을 따뜻하게 <u>데워</u> 준다.

③ 흙은 식물이 쓰러지지 않도록 단단히 <u>붙잡아</u> 준다.

④ 물은 여름철에 식물의 더위를 <u>식혀</u> 준다.

⑤ 식물은 이산화 탄소를 <u>흡수하여</u> 영양분을 만들어 낸다.

7 식물은 이산화 탄소와 산소가 있어야 자랄 수 있습니다. 식물은 이 기체들을 어디로 받아들일까요?

내용
파악

앞 글에서 찾아 쓰세요.

잎의

1단계   다음 낱말의 뜻을 찾아 선으로 이으세요.

(1) 생장 •

(2) 분해 •

(3) 운반 •

• ㉠ 물건 등을 옮겨 나름.

• ㉡ 나서 자람.

• ㉢ 어떤 물질을 두 가지 이상의 물질로 나눔.

2단계   위에서 배운 낱말을 빈칸에 넣어 문장을 완성하세요.

(1) 이 나무는 곧고 빠르게 ⬜⬜ 하여 가구를 만드는 데에 좋다.

(2) 아저씨는 여러 물건을 상자에 담아 교실로 ⬜⬜ 하셨다.

(3) 아버지께서 장난감을 ⬜⬜ 하여 고장 난 곳을 찾으셨다.

3단계   다음 뜻을 보고 빈칸에 알맞은 낱말을 쓰세요.

> **무생물**: 생물이 아닌 물건.
>
> **미생물**: 눈으로는 볼 수 없는 아주 작은 생물.

(1) 책상 같은 ⬜⬜⬜ 이 말을 하면 사람들이 얼마나 놀랄까?

(2) 삼촌은 연구소에서 세균 같은 ⬜⬜⬜ 을 연구하신다.

현장 체험 학습 보고서

학년 반	2학년 2반	이름	정현수
체험 기간	4월 20일 ~ 4월 21일		
체험 장소	제주도		
제목	제주도 가족 여행		

4월 20일 목요일

알뜨르 **비행장**은 **태평양 전쟁** 때 일본이 중국을 공격하기 위해 1926년부터 1945년까지 제주도에 만든 시설이다. 아름답고 평화로운 곳에 전쟁을 위한 비행장을 만들었다는 사실이 안타까웠다.

알뜨르 비행장 근처 송악산에도 갔다. 바다와 절벽이 아름다웠다. 말이 평화롭게 풀을 뜯어 먹는 모습이 신기했다.

4월 21일 금요일

제주도의 아름다운 **폭포**, 천지연 폭포에 다녀왔다. 폭포까지 가는 길이 무척 길었지만 도시에서는 볼 수 없었던 식물을 볼 수 있어서 좋았다. 폭포에 가까이 가니 옷이 젖을 정도로 **물보라**가 일어 시원했다.

다음으로 폭포 근처의 이중섭 미술관에 갔다. 멋진 그림과 이중섭이 살았던 초가집이 무척 흥미로웠다.

위와 같이 **교외** 현장 체험 학습 보고서를 **제출**합니다.

20○○년 ○월 ○일

비행장 비행기가 뜨고 내리고 머물 수 있도록 만든 곳. 飛 날 비 行 다닐 행 場 장소 장 🆖 공항   **태평양 전쟁** 1941년부터 1945년까지 일본과 연합국(일본, 독일, 이탈리아에 맞서 싸운 여러 나라) 사이에 벌어진 전쟁.   **폭포** 절벽에서 쏟아져 내리는 물줄기. 瀑 폭포 폭 布 펼 포   **물보라** 물이 바위 등에 부딪쳐 옆으로 흩어지는 작은 물방울.   **교외** 학교의 밖. 校 학교 교 外 바깥 외   **제출** 글이나 의견 등을 냄. 提 보일 제 出 내놓을 출

1

글의
종류

이 글은 현장 체험 학습 보고서입니다. '보고서'란 어떤 글인가요?

① 어떤 일에 관한 내용이나 결과를 알리는 글.

② 날마다 그날에 겪은 일이나 생각, 느낌 등을 적는 글.

③ 읽는 사람이 무엇을 잘 이해할 수 있도록 알기 쉽게 쓴 글.

④ 자신의 생각이나 주장을 밝혀 쓴 글.

⑤ 일정한 형식을 따르지 않고 자신의 느낌이나 체험을 생각대로 쓴 글.

2

내용
파악

현수는 4월 20일부터 21일까지 어디로 현장 체험 학습을 다녀왔나요?

3

내용
파악

현수가 이틀 동안 다닌 곳을 순서대로 쓰려 합니다. 빈칸에 기호를 쓰세요.

① 송악산   ② 천지연 폭포

③ 이중섭 미술관   ④ 알뜨르 비행장

7주
33회

4 현수가 이틀 동안 다닌 곳 가운데 안타까움을 느낀 곳은 어디인가요?

내용
파악

5 다음은 제주도의 지도입니다. 이중섭 미술관은 어디에 있을까요?

적용

알뜨르비행장   송악산   천지연폭포

6 다음은 현수가 현장 체험 학습을 가기 전에 학교에 낸 신청서입니다. '학습 계획'에서 보고서와 다

적용 른 내용을 찾으세요.

학년 반	2학년 2반	이름	정현수
체험 기간	4월 20일 ~ 4월 21일	체험 장소	제주도
제목	제주도 가족 여행		
학습 계획	① 알뜨르 비행장의 역사 배우기 ② 송악산의 풍경 감상하기 ③ 천지연 폭포와 그 주변의 식물 살펴보기 ④ 이중섭 미술관 관람하기 ⑤ 제주도 동쪽의 섬, 우도의 여기저기 둘러보기		
위와 같이 교외 현장 체험 학습을 신청합니다. 20○○년 ○월 ○일 △△ 초등학교장 귀하			

1단계   다음 낱말들의 뜻을 찾아 선으로 이으세요.

(1) 물보라 •   • ㉠ 글이나 의견 등을 냄.

(2) 폭포 •   • ㉡ 물이 바위 등에 부딪쳐 옆으로 흩어지는 작은 물방울.

(3) 제출 •   • ㉢ 절벽에서 쏟아져 내리는 물줄기.

2단계   위에서 배운 낱말을 빈칸에 넣어 문장을 완성하세요.

(1) 방학 동안 열심히 한 숙제를 선생님께 [　　　　　] 했다.

(2) 여기서 흐르는 물이 절벽을 만나면 [　　　　　] 가 되어 떨어진다.

(3) 바닷물이 바위에 부딪혀 [　　　　　] 가 생겼다.

3단계   다음 낱말의 비슷한말이나 반대말을 빈칸에 넣어 문장을 완성하세요.

(1) 비행장 (비슷한말)

우리 가족은 [고][하] 에서 비행기를 타고 제주도로 떠났다.

(2) 교외 (반대말)

희진이는 [교][ㄴ] 그림 대회에서 우수상을 받았다.

거짓부리

윤동주

똑, 똑, 똑,
문 좀 열어 주세요
하룻밤 자고 갑시다
　밤은 깊고 날은 추운데
　거 누굴까?
문 열어 주고 보니
검둥이 꼬리가
거짓부리 한 걸.

꼬끼요, 꼬끼요,
달걀 낳았다.
간난아 어서 집어 가거라
　간난이 뛰어가 보니
　달걀은 무슨 달걀,
고놈의 **암탉**이
⊙ 대낮에 새빨간
거짓부리 한 걸.

거짓부리 '거짓말'의 다른 표현.　**검둥이** '털이 검은 개'를 귀엽게 표현한 말.　**암탉** 닭의 암컷. 닭 중에 알을 낳는 닭.

1 이 시의 중심 낱말은 무엇인가요?

핵심어

① 문   ② 검둥이   ③ 거짓부리

④ 간난이   ⑤ 암탉

2 1연과 2연의 시간 변화로 알맞은 것을 고르세요.

내용
파악

① 아침 → 대낮

② 대낮 → 저녁

③ 저녁 → 새벽

④ 밤 → 대낮

⑤ 대낮 → 밤

3 ㉠ '대낮'에 가장 알맞은 시간을 고르세요.

어휘

① 새벽 3시

② 아침 7시

③ 오후 1시

④ 저녁 7시

⑤ 저녁 9시

4 이 시에서 거짓부리(거짓말)를 한 것은 무엇과 무엇인가요?

내용
파악

[   ] 의 꼬리와 [   ]

다음 중 이 시를 가장 바르게 이해한 친구를 고르세요.

① 유민: 손님이 하룻밤 자고 가게 해달라고 부탁했어.

② 지홍: 검둥이가 꼬리로 문을 두드렸어.

③ 혜미: 암탉이 달걀을 많이 낳았어.

④ 태진: 간난이는 달걀을 얻어서 행복했어.

⑤ 명찬: 검둥이가 달걀을 낳았다고 거짓말을 했어.

2연에서, 거짓부리에 속은 간난이의 기분과 거리가 먼 것을 고르세요.

① 황당하다

② 약이 오른다

③ 기가 막힌다

④ 미안하다

⑤ 실망스럽다

이 시에 대한 설명으로 틀린 것을 고르세요.

① 2연 16행으로 이루어졌다.

② 동물이 말하는 것 같은 표현이 쓰였다.

③ 소리를 흉내 내는 말이 쓰여 생생함을 느끼게 한다.

④ 말하는 이 자신이 묻고 스스로 대답하는 표현이 있다.

⑤ 강아지와 암탉이 말하는 이에게 실제로 거짓말을 하였다.

어휘력 기르기

1단계 다음 표의 빈칸에 알맞은 말을 넣으세요.

거짓부리	(2)
(1) [ ] 의 다른 표현.	'털이 검은 개'를 귀엽게 표현한 말.

2단계 다음 문장의 빈칸에 위에서 배운 낱말을 찾아 쓰세요.

(1) 내 친구는 밥 먹듯이 [   ] 를 한다.

(2) 친구 집에는 귀여운 [   ] 가 한 마리 있다.

3단계 다음 설명을 읽고 빈칸에 알맞은 낱말을 골라 쓰세요.

> **암탉**: 닭의 암컷.
>
> **수탉**: 닭의 수컷.

(1) 알을 낳는 닭은 [ ][ ] 이다.

(2) 아내가 달걀을 낳았다며 [ ][ ] 아저씨가 "꼬끼오" 하고 소리를 내었다.

아이들은 날마다 거인의 **정원**에서 놀았어요. 정원에는 초록색 풀밭이 넓게 펼쳐져 있었어요. 봄이면 꽃들이 활짝 피었고 나뭇가지에는 새들이 앉아 노래했어요.

"이곳에 있으면 정말 기분이 좋아!"

아이들은 아름다운 정원을 무척 좋아했어요.

그러던 어느 날 거인이 돌아왔어요. 멀리 있는 친구를 만나러 갔다가 7년 만에 집으로 돌아와 보니 정원은 아이들 차지가 되어 있었어요.

"이 녀석들, 당장 나가라!"

화가 난 거인이 쩌렁쩌렁 울리게 **고함**을 지르자 아이들은 무서워서 도망쳤어요.

㉠ "이 정원은 내 거야. 아무도 내 정원에 들어오지 못해!"

거인은 정원 둘레에 높은 **담장**을 만들고, 커다란 **팻말**을 세웠어요.

"절대 들어오지 마시오!"

겨울이 가고 봄이 왔어요. 꽃이 피고 새들이 노래했지요. 하지만 거인의 정원은 여전히 겨울이었어요. 새들도 오지 않고 꽃도 피지 않았어요. 눈이 풀밭을 하얗게 덮고 **서리**가 나무를 꽁꽁 얼려 놓았지요.

"왜 봄이 오지 않을까?"

아무리 기다려도 봄은 오지 않았어요. 여름도, 가을도 없이 언제나 겨울이었어요.

그러던 어느 날, 창문 틈으로 꽃향기가 **풍기고** 새들의 노랫소리가 들렸어요.

"드디어 봄이 왔구나."

창밖을 내다본 거인은 깜짝 놀랐어요. 담장에 난 작은 구멍으로 아이들이 들어오고 있었어요. 아이들이 나무에 올라가자 나무가 꽃을 활짝 피웠어요. 새들도 날아들고, 파릇파릇 잔디도 돋아났어요.

그런데 정원의 한쪽 구석만은 여전히 겨울이었어요. 그곳에서 한 아이가 울고 있었어요. 키가 작아서 나무에 오르지 못했거든요. 그 나무만이 눈에 덮여 있었어요.

그 모습을 본 거인은 정원에 봄이 오지 않았던 이유를 깨달았어요.

"[㉠   ]"

거인은 정원으로 나갔어요. 그러자 아이들은 겁에 질려 달아나 버렸어요. 거인은 정원 구석에 있던 아이를 안아 나무에 앉혀 주었어요. 그러자 나무에 꽃이 피고 새들이 노래했어요. 그 모습을 보고, 달아났던 아이들도 정원으로 돌아왔어요.

거인은 담장을 걷어 냈어요. 그날부터 아이들은 정원에서 마음껏 뛰어놀았어요.

뒷부분의 내용: 거인은 정원 구석에 있던 아이를 찾아보았어요. 하지만 어디에서도 만날 수 없었어요. 시간이 흘러 거인이 할아버지가 되었어요. 어느 겨울날, 거인은 그 아이를 만났어요. 아이는 거인을 하늘에 있는 자신의 정원에 초대했어요. 그날 오후, 아이들은 평화로운 얼굴로 나무 아래에 누워 있는 거인을 발견했어요.

– 오스카 와일드, 〈거인의 정원〉

정원 잘 가꾸어 놓은 넓은 뜰. 庭 뜰 정 園 동산 원　　**고함** 크게 외치는 소리. 高 높을 고 喊 소리칠 함　　**담장** 집의 둘레나 일정한 공간을 막기 위하여 흙, 돌 따위로 쌓아 올린 것.　　**팻말** 무엇을 알리기 위해 글을 써서 세워 놓거나 붙여 놓은 판이나 기둥.　　**서리** 공기 속에 있는 수증기가 땅 위나 물체에 닿아 눈가루같이 얼어붙은 것.　　**풍기고** 냄새가 퍼지고.

---

1 이 이야기의 주인공은 누구인가요?

인물

① 아이들　　　　　② 거인　　　　　③ 친구

④ 봄　　　　　　　⑤ 새

2 빈칸을 채워 거인의 정원에서 일어난 일을 순서대로 정리하세요.

내용 파악

(1) 아이들이 거인의 [　][　]에 들어와 즐겁게 놀았다.

(2) 거인은 아이들을 내쫓은 뒤, 담장을 만들고 [　][　]을 세웠다.

(3) 아이들이 떠난 정원에는 [ㄱ][ㅇ]이 이어졌다.

(4) 아이들이 돌아오자 거인의 정원에도 [ㅂ]이 찾아왔다.

3 ㉠에서 알 수 있는 거인의 성격으로 알맞은 것을 고르세요.

추론

① 친절하다. ② 게으르다. ③ 호기심이 많다.

④ 욕심이 많다. ⑤ 장난기가 많다.

4 거인의 정원에만 봄이 찾아오지 않았던 까닭은 무엇인가요?

추론

① 거인이 겨울을 좋아해서.

② 거인이 정원을 돌보지 않아서.

③ 거인이 아이들을 모두 내쫓아서.

④ 거인의 정원에 우는 아이가 살아서.

⑤ 거인의 정원에는 햇빛이 들지 않아서.

5 이 글의 내용으로 보아, ㉡에 들어갈 말로 가장 알맞은 것을 고르세요.

추론

① 이제 정원을 잘 가꿔야겠어.

② 이제 돈을 낸 아이만 정원에서 놀게 해야겠어.

③ 내가 나빴어. 그동안 나는 나만 아는 욕심쟁이였어.

④ 아이들이 들어오지 못하게 담장의 구멍을 막아야겠어.

⑤ 내가 너무 게을렀어. 그동안 나는 눈을 한 번도 치우지 않았어.

6 다음은 담장을 걷고 나서 거인이 한 말입니다. 빈칸을 알맞게 채우세요.

추론

"꽃과 새도 아름답지만, 세상에서 가장 아름다운 건 바로 ⬚ ㅇ ⬚ ㅇ ⬚ ㄷ 이야."

어휘력 기르기

1단계　다음 낱말의 뜻을 찾아 줄로 이으세요.

(1) 담장　●

(2) 고함　●

(3) 정원　●

●　㉠ 크게 외치는 소리.

●　㉡ 잘 가꾸어 놓은 넓은 뜰.

●　㉢ 집의 둘레나 일정한 공간을 막기 위하여 흙, 돌 따위로 쌓아 올린 것.

2단계　위에서 배운 낱말을 빈칸에 넣어 문장을 완성하세요.

(1) 은주는 [　][　] 에 꽃을 심었다.

(2) 현수는 무서워서 [　][　] 을 질렀다.

(3) 옆집의 음식 냄새가 [　][　] 을 넘어 우리 집까지 풍겨 왔다.

3단계　밑줄 친 낱말을 바르게 고쳐 쓰세요.

(1) 거인은 커다란 팬말을 세웠어요.　→ _____

(2) 눈이 풀밭을 하얗게 덥었어요.　→ _____

(3) 잔디가 파릇파릇 돋아났어요.　→ _____

> '아기가방에들어간다.'

위 문장은 어떻게 띄어 써야 할까요?

ⓐ 아기가∨방에∨들어간다.　　　ⓑ 아기∨가방에∨들어간다.

띄어쓰기를 어떻게 하느냐에 따라 ⓐ과 ⓑ처럼 문장의 뜻이 달라집니다. 따라서 아래와 같은 방법으로 띄어 써야 합니다.

① **낱말**과 낱말 사이는 띄어 씁니다.

> 뿌리∨깊은∨나무, 반짝반짝∨작은∨별

② 사람이나 **사물**의 이름을 나타내는 말 뒤에 붙는, '은/는', '이/가', '께서', '을/를', '도', '처럼', '이다' 등과 같은 말은 앞말에 붙여 씁니다.

> 동생은, 친구가, 어머니께서, 연필을, 장난감도, 우리처럼, 학생이다

③ 마침표(.)나 쉼표(,) 뒤에 오는 말은 띄어 씁니다.

> 책상 위에 사탕,∨초콜릿,∨과자가 놓여 있었다.∨나는 사탕을 집었다.

④ 수를 나타내는 말과 **단위**를 나타내는 말 사이는 띄어 씁니다.

> 책 한∨권, 연필 두∨자루, 구두 세∨켤레, 꽃 네∨송이, 사탕 다섯∨개

낱말 홀로 쓰일 수 있는 말. ❹ 단어 　**사물** 일이나 물건. 事 일 사 物 물건 물 　**단위** 수, 양, 시간, 길이, 크기 들을 재는 데 바탕이 되는 기준. 單 하나 단 位 자리 위

1

주제

이 글에서 가장 중요한 내용은 무엇인가요?

① 띄어쓰기의 뜻.

② 띄어쓰기의 역할.

③ 띄어쓰기가 필요한 까닭.

④ 띄어쓰기를 바르게 하는 방법.

⑤ 띄어쓰기를 하지 않아서 생기는 문제.

2

내용
파악

이 글의 내용과 <u>다른</u> 것을 고르세요.

① 낱말과 낱말 사이는 띄어 쓴다.

② 쉼표(,) 뒤에 오는 말은 띄어 쓴다.

③ '이/가', '은/는'은 앞말과 띄어 쓴다.

④ '도', '처럼', '이다'는 앞말에 붙여 쓴다.

⑤ 수를 나타내는 말과 단위를 나타내는 말 사이는 띄어 쓴다.

3

적용

다음 문장에 네 번 ∨표를 하여 바르게 띄어 쓰세요.

> 선생님께서은주,선우,정태를부르셨다.

4 그림과 같은 뜻이 되도록 띄어 써야 할 곳에 ∨표를 하세요.

적용

(1) | 나무가좋다 | (2) | 나무가좋다 |

5 다음 문장을 읽고, 띄어쓰기가 바른 것에 동그라미 하세요.

적용

(1) 이 그림은 (어머니께서, 어머니 께서) 그리셨다.

(2) 솔이는 도서관에서 책 (두권, 두 권)을 빌렸다.

(3) 나도 (누나처럼, 누나 처럼) 노래를 잘하고 싶다.

(4) 내가 가장 좋아하는 과일은 (귤이다, 귤 이다).

(5) 바다에 (파란색물감, 파란색 물감)을 뿌려 놓은 듯했다.

6 다음 중 띄어쓰기를 바르게 한 문장을 고르세요.

적용

① 강물이 보석 처럼 반짝였다.

② 우리 가족은 모두 다섯 명 이다.

③ 현우는 세정이 에게 연필 한 자루를 빌렸다.

④ 우리나라는 봄,여름,가을,겨울 사계절이 뚜렷하다.

⑤ 맑은 가을 하늘을 보니, 날씨처럼 기분도 밝아졌다.

어휘력 기르기

1단계　다음 낱말의 뜻을 찾아 줄로 이으세요.

(1) 낱말　●

(2) 사물　●

(3) 단위　●

● ㉠ 수, 양, 시간, 길이, 크기 들을 재는 데 바탕이 되는 기준.

● ㉡ 홀로 쓰일 수 있는 말.

● ㉢ 일이나 물건.

2단계　위에서 배운 낱말을 빈칸에 넣어 문장을 완성하세요.

(1) '그루'는 나무를 세는 ☐☐이다.

(2) '꿈', '나무', '무지개', '바람개비'는 모두 ☐☐이다.

(3) 이 로봇은 ☐☐을 발견하면 스스로 그것을 피해 움직인다.

3단계　낱말과 단위를 나타내는 말을 알맞게 짝지으세요.

(1) 꽃　●

(2) 옷　●

(3) 신발　●

● ㉠　벌

● ㉡　켤레

● ㉢　송이

8주
36회

공중에 떠 있는 물방울이 햇빛을 받아 여러 색깔의 **반원** 모양으로 보이는 것을 무지개라고 합니다. 햇빛이 공기 중의 물방울 안에서 **굴절**, **반사**되어 다양한 색깔을 보이는 것입니다. 그래서 공기 중에 습기가 많은 날에 생깁니다. 비가 내리고 난 뒤나 안개가 낀 날 태양의 반대쪽을 보면 무지개를 발견할 수 있습니다. 태양을 **등지고** 공중에 입으로 물을 뿜거나 **분무기**를 사용하여 물을 뿌리면 무지개를 직접 만들 수도 있습니다.

무지개의 색깔은 반원의 바깥쪽부터 빨강, 주황, 노랑, 초록, 파랑, 남색, 보라 순서로 나타납니다. 공기 중의 물방울 크기가 작을수록 무지개의 색깔은 희미합니다. 북극 지방에서는 하얀 무지개가 나타나기도 합니다.

무지개가 두 개 나타날 때도 있습니다. 무지개 바깥쪽에 더 큰 무지개가 하나 더 생기는 것인데, 이런 무지개를 ㉠ 쌍무지개라고 합니다. 쌍무지개가 뜨면, 바깥쪽 무지개는 안쪽 무지개에 비해 색이 흐리고 색깔 순서도 반대로 나타납니다.

우리 조상들은 옛날부터 무지개를 삶과 가깝게 생각했습니다. 그래서 무지개와 관련한 **속담**이 많습니다. '서쪽에 무지개가 뜨면 소를 강가에 매지 마라', '㉡ 아침 무지개는 비가 올 **징조**, 저녁 무지개는 맑을 **징조**'라는 속담이 있습니다. 경험으로 만들어졌지만 무척 과학적인 속담들입니다.

무지개에 얽힌 이야기도 전해 옵니다. **오색**의 아름다운 옷을 입은 선녀들이 산속 맑은 계곡물에서 목욕하려고 무지개를 만들어 타고 하늘에서 **지상**으로 내려온다는 것입니다.

땅 위에서 보면 무지개는 모두 반원 모양으로 보이지만, 다른 곳에서는 다르게 보이기도 합니다. 비행기를 타 높은 곳에서 무지개를 보면 **원형**으로도 보입니다.

공중 하늘과 땅 사이의 빈 곳. 空 빌 공 中 가운데 중   **반원** 원을 반으로 나누었을 때의 한쪽. 半 반 반 圓 둥글 원
굴절 휘어서 꺾임. 屈 굽을 굴 折 꺾을 절   **반사** 일정한 방향으로 나아가던 것이 다른 물체에 부딪쳐서 방향을 반대로 바꾸는 현상. 反 돌이킬 반 射 쏠 사   **등지고** 등 뒤에 두고.   **분무기** 물이나 약품을 안개처럼 뿜어내는 도구. 噴 뿜을 분 霧 안개 무 器 도구 기   **속담** 예부터 전해 오는, 교훈을 담은 짧은 글. 俗 풍속 속 談 이야기 담

징조 어떤 일이 생길 분위기. 徵 징조 징 兆 징조 조 　　**오색** 여러 가지 빛깔. 五 다섯 오 色 빛 색 　　**지상** 땅의 위. 地 땅 지 上 위 상 　　**원형** 둥근 모양. 圓 둥글 원 形 모양 형

---

1 이 글을 통해 글쓴이가 알리려고 하는 내용은 무엇인가요?

주제

① 무지개의 색깔　　　　　　　　② 무지개의 특징

③ 쌍무지개의 특징　　　　　　　④ 우리나라의 속담

⑤ 선녀와 무지개 이야기

2 다음 중 무지개에 대한 설명으로 <u>틀린</u> 문장을 찾으세요.

내용
파악

① 햇빛이 물방울에 굴절, 반사되어 보이는 것이다.

② 공기 중에 습기가 많은 날에 생긴다.

③ 무지개는 어디서 보든 반원 모양이다.

④ 공기 중의 물방울 크기가 작을수록 무지개의 색깔이 희미해진다.

⑤ 사람이 직접 무지개를 만들 수도 있다.

3 이 글을 정리했습니다. 맞은 내용에는 ○표, 틀린 내용에는 X표 하세요. ○표는 모두 두 개입니다.

내용
파악

(1) 무지개 색깔은 모두 바깥쪽부터 '빨주노초파남보'로 이루어져 있다.　　　　　(　　　)

(2) 우리 조상들은 옛날부터 무지개를 삶과 가깝게 생각했다.　　　　　　　　　(　　　)

(3) 쌍무지개란 무지개 옆에 다른 무지개가 생기는 것이다.　　　　　　　　　　(　　　)

(4) 하얀 무지개도 있다.　　　　　　　　　　　　　　　　　　　　　　　　　(　　　)

(5) 선녀들이 무지개를 보려고 계곡에 내려온다는 이야기가 있다.　　　　　　　(　　　)

4 다음 중 ㉠을 가장 잘 나타낸 그림은 무엇인가요?

적용

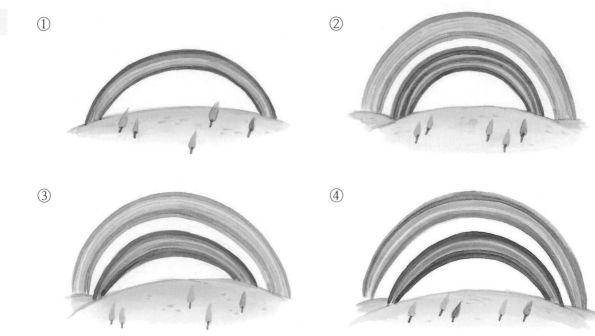

① ② ③ ④

5 다음은 ㉡을 풀어 설명한 글입니다. 빈칸에 알맞은 낱말을 쓰세요.

배경
지식

(1) 무지개는 태양의 [ ]에 나타난다.

(2) 아침에는 동쪽에서 해가 뜨고, 저녁에는 서쪽으로 해가 진다. 그러므로 아침에 무지

개가 뜨는 것은 서쪽에 습기가 많다는 뜻이고, [ ]에 무지

개가 뜨는 것은 동쪽에 습기가 많은 것이다.

(3) 우리나라에는 주로 서쪽에서 동쪽으로 바람이 분다. 따라서 서쪽에 습기가 많으면

그 습기가 [ ]으로 옮겨 올 가능성이 크다.

(4) 서쪽의 습기는 곧 자신이 있는 곳으로 오고, 동쪽의 습기는 동쪽으로 멀어질 것을 알

려 주는 속담이다.

1단계 다음 낱말과 그 낱말을 나타낸 그림을 선으로 알맞게 이으세요.

(1) 굴절 •

• ㉠

(2) 반사 •

• ㉡

2단계 위에서 배운 낱말을 빈칸에 넣어 문장을 완성하세요.

(1) 막대기를 물에 넣으면 ☐☐ 되어 막대기가 구부러진 것처럼 보인다.

(2) 거울에 ☐☐ 된 내 모습은 왼쪽과 오른쪽이 반대로 보인다.

3단계 다음 뜻에 알맞은 낱말을 빈칸에 넣어 십자말풀이를 하세요.

(1) 물이나 약품을 안개처럼 뿜어내는 도구.

(2) 피곤할 때에 몸을 쭉 펴고 팔다리를 뻗는 일.

(3) 공중에 떠 있는 물방울이 햇빛을 받아 나타나는,
반원 모양의 일곱 빛깔 줄.

(1)			(2)
(3)			

8주
37회

민　　정: 엄마, 민재 좀 혼내 주세요. 자꾸 제 지우개를 맘대로 갖다 써요.

민　　재: 누나 지우개가 내 거보다 좋으니까 그러지. 내 지우개로 지우면 자국이 남고 자꾸 종이가 찢어져. 그런데 누나 지우개는 그러지 않는단 말이야.

어머니: 싸우지 말고 이리 와서 둘 다 엄마 말 들어 봐.

민 정, 민 재: 네.

어머니: 너희 혹시 '역지사지'라는 말 들어 본 적 있니?

민　　정: 저는 들어 봤어요. 그런데 뜻은 몰라요.

민　　재: 전 처음 들어 봐요. 그게 무슨 뜻이에요?

어머니: '역지사지'는 중국에서 만들어진 말이야. 옛날 중국에 '우' 임금과 '후직' 임금이 살았단다. 두 임금은 일을 무척 열심히 했어. 여러 해 동안 집에 가지도 않을 정도였지. 일 때문에 집 근처에 갈 때에도 집에 들르지 않고 그 앞을 지나칠 뿐이었어. 자신들이 쉬면 백성이 힘들어질 수 있다고 생각했기 때문이었어. 그 덕분에 사람들은 편안하게 지낼 수 있었단다.

민　　정: 백성을 사랑하는 마음이 대단했네요.

어머니: 그래. 그리고 '안회'라는 사람도 있었어. 안회는 백성들이 가난하게 사는 모습을 보고, 자신도 하루에 밥 한 그릇과 물 한 바가지만 먹고 지냈단다.

민　　재: 와, 진짜 배고팠겠어요.

어머니: 그렇지? 맹자가 ㉠ <u>그 사람들</u>을 칭찬하며 이렇게 말했대. "물에 빠지는 사람이 있으면, 우 임금은 자기가 일을 잘못해서 그렇게 됐다고 생각했다. 밥을 굶는 사람이 있으면, 후직 임금은 모두 자기 잘못이라고 생각했다. 안회도 가난한 백성을 걱정하며 밥을 적게 먹었다." 어떤 사람이 고통을 겪고 있으면, 자신들도 그 사람의 상황을 이해하려고 노력하는 모습을 칭찬한 거야. '역지사지'는 여기서 나온 말이란다. ㉡ [　　　　　　　] 뜻이지. 그러니까 너희 둘도 ㉢ [　　　　　　　].

1 민정이와 민재는 왜 싸웠나요?

내용
파악

민재가 민정이의 [ ] [ ] [ ] 를 마음대로 사용해서.

2 ㉠에 속하는 사람을 모두 찾아 쓰세요.

내용
파악

[ ] , [ ] , [ ]

3 ㉡의 빈칸에는 '역지사지(易地思之)'의 뜻이 들어갑니다. 가장 알맞은 것을 찾으세요.

추론

① 착하게 살라는

② 상대방과 처지를 바꾸어서 생각해 보라는

③ 다른 사람을 위해 봉사하라는

④ 집에 들어가지 말고 열심히 일하라는

⑤ 백성을 사랑하라는

4 다음 중 '안회'와 관련한 이야기는 무엇인가요?

내용
파악

① 여러 해 동안 집에 들어가지 않고 일했다.

② 일 때문에 집 주변에 갈 때에도 집에 들르지 않고 지나쳤다.

③ 백성들이 가난하게 사는 모습을 보고, 하루에 밥 한 그릇과 물 한 바가지만 먹었다.

④ 지나가다가 물에 빠지는 사람이 있으면 자기가 일을 잘못해서 그렇다고 생각했다.

⑤ 밥을 굶는 사람이 있으면 모두 자기 잘못이라고 생각했다.

5 ⓒ에는 이 글의 중심 생각이 담겨 있습니다. ⓒ의 어머니 말씀으로 가장 알맞은 것을 고르세요.

주제

① 왕이 되려고 노력해 보렴.

② 밥을 적게 먹으려고 노력해 보렴.

③ 상대방을 설득하려고 노력해 보렴.

④ 상대방의 상황을 이해하려고 노력해 보렴.

⑤ 열심히 일하려고 노력해 보렴.

6 어머니의 말씀을 듣고 나서 민정이와 민재가 나누었을 것 같은 대화가 <u>아닌</u> 것을 고르세요.

추론

① 민정: 민재야, 내 거랑 똑같은 지우개 사 줄게.

② 민정: 민재야, 앞으로 내 지우개 마음대로 써.

③ 민재: 누나 물건을 내 마음대로 가져다 써서 미안해.

④ 민재: 누나, 지우개 필요하면 앞으로 누나한테 얘기할게.

⑤ 민재: 엄마, 누나 지우개보다 좋은 걸로 사 주세요.

7 다음 중 '역지사지'가 어울리지 <u>않는</u> 문장을 찾으세요.

적용

① 방을 스스로 청소하면, 방도 깨끗해지고 어머니께 칭찬도 받으니 '역지사지'야.

② 친구와 싸우고 나서 '역지사지'해 보면 금방 화해할 수 있을 거야.

③ 다른 사람들은 다 줄을 서 있는데 너만 끼어들면 안 되지. '역지사지'해 봐.

④ 다른 사람에게 나쁜 말을 하는 사람들이 '역지사지'해 보면 좋겠어. 자신이 그런 말을 들으면 얼마나 기분이 상하겠어.

⑤ 베짱이야, '역지사지'해 봐. 네가 열심히 일하고 있을 때, 개미가 일은 하지 않고 옆에서 노래만 부르면 얼마나 얄밉겠니?

1단계   다음 낱말의 뜻을 찾아 선으로 이으세요.

(1) 임금 •

(2) 근처 •

(3) 백성 •

• ㉠ 나라를 다스리는 가장 높은 사람.

• ㉡ 옛날에, 나라의 일반인들을 이르던 말.

• ㉢ 가까운 곳.

2단계   위에서 배운 낱말을 빈칸에 넣어 문장을 완성하세요.

(1) 홍길동은 가난한 ☐☐ 에게 돈을 나누어 주었다.

(2) 세종은 요즘에도 많은 사람이 존경하는 ☐☐ 이다.

(3) 우리 집 ☐☐ 에 커다란 서점이 있다.

3단계   낱말의 한 부분을 줄여서 나타낸 말을 '준말'이라고 합니다. 밑줄 친 준말의 원래 모습을 찾아 선으로 바르게 이으세요.

(1) 맘대로 •

(2) 갖다 써요 •

(3) 이해하려는 걸 •

• ㉠ 가져다

• ㉡ 마음

• ㉢ 것을

8주
38회

앞부분의 내용: 옛날 어느 마을에 몹시 게으른 사람이 살았다. 게으름뱅이는 일은 하지 않고 **온종일 빈둥빈둥** 놀면서 자기만 했다. 어느 날, 일하라는 아내의 **잔소리**가 듣기 싫어 집을 나온 게으름뱅이는 한 초가집 앞을 지나고 있었다.

나오는 인물: ┌─────────────── ㉠ ───────────────┐

막이 오르면, 초가집 마루에 앉은 노인이 나무를 깎아 무엇을 만들고 있다. 게으름뱅이 돌쇠는 그 모습을 보고 노인에게 다가간다.

돌쇠: 안녕하세요, 영감님? 지금 만들고 계신 건 뭐예요?

노인: (귀찮다는 듯) 보면 모르겠나? 소머리 **탈**이네.

돌쇠: 그걸 어디에 쓰려고 만드세요?

노인: 자네만 알게. 이걸 쓰면 일하기 싫어하는 사람에게 좋은 수가 생기네.

돌쇠: (눈을 동그랗게 뜨며) 좋은 수요? 어떤 일이 생기는데요?

노인: (돌쇠에게 가까이 오라는 손짓을 하며) 이 탈을 쓰면 손을 움직이지 않아도 편안히 먹고 살 수가 있다네.

돌쇠: 아이고, 영감님, 세상에 그런 게 어딨어요?

노인: (화를 내며) 아니, 이 사람이 속고만 살았나. 왜 사람 말을 못 믿어?

돌쇠: **(손사래** 치며) 아, 아닙니다. 믿습니다, 믿어요. 그러니까 이 탈을 쓰면 일하지 않고도 편안히 살 수 있다는 말씀이지요?

노인: 그렇지. 일도 안 하고 잠도 실컷 잘 수가 있다네.

돌쇠: 정말요?

노인: 아, 그렇다니까. 내 말이 못 **미덥거든** 지금 당장 이걸 한번 써 보게. (게으름뱅이에게 소머리 탈을 내민다.)

돌쇠: 영감님, 이건 제게 꼭 필요한 탈인데요? (신나서 탈을 쓰며) 잘 어울리나요?

노인: (웃으며) 그럼, 잘 어울리고말고. 아주 잘 어울려. 이것도 덮어쓰게! (노인은 깔고 앉았던 **소가죽**을 게으름뱅이 몸에 덮어 준다.)

돌쇠: 이제, 벗을래요. 답답해서 못 쓰겠어요. (탈을 벗으려 **안간힘**을 쓰며) 어라, 영감님! 탈이 벗어지지 않아요. 이거 좀 벗겨 주세요! (몸을 흔들며) 음매. (황소 울음소리를 내며) 이게 뭔 일이야? 영감님! 무슨 일이 벌어진 거예요?

노인: 자네가 원했던 대로 좋은 일이 일어난 거지. 이제 자네는 황소가 되었다네. 사람이 아닌 황소란 말이야.

돌쇠: 뭐, 뭐라고요? 제가 황소가 되었다고요? 음매! 아니에요. 전 사람이라고요. 음매.

노인: (소를 잡아끌며) 어허, 이 황소가 왜 이리 시끄러운가? 이제 소 시장에 가 볼까? (소를 끌고 나가며) 자, **이랴**, 이랴! 어서 가자.

돌쇠: (몸부림치며) 전 소가 아니에요. 음매. 전 사람이에요. 음매.

뒷부분의 내용: 노인은 시장에 나가 소가 된 게으름뱅이를 농부에게 팔아 버렸다. 그러면서 무를 먹이면 소가 죽는다고 했다. 농부는 아침 일찍부터 저녁까지 소에게 일을 시켰다. 일에 지친 소는 차라리 죽는 게 낫겠다고 생각하여 무밭에 들어가 무를 뽑아 먹었다. 그러니 갑자기 소 탈이 벗어지면서 사람으로 돌아왔다. 게으름뱅이는 자신의 잘못을 뉘우치고 집에 돌아가 열심히 일하며 살았다.

– 희곡, 〈소가 된 게으름뱅이〉

온종일 아침부터 저녁까지 내내. 終 마칠 종 日 날 일　　**빈둥빈둥** 자꾸 게으름을 피우며 아무 일도 하지 않고 놀기만 하는 모양.　　**잔소리** 듣기 싫게 자꾸 늘어놓는 말.　　**탈** 나무, 종이 따위로 사람이나 동물 얼굴을 본 떠 만들어 얼굴에 쓰는 물건.　　**손사래** 어떤 말이나 사실을 인정하지 않거나 남에게 조용히 하라고 할 때 손을 휘젓는 일.　　**미덥거든** 믿을 만하거든.　　**소가죽** 소의 가죽.　　**안간힘** 어떤 일을 이루기 위해 몹시 애쓰는 힘.　　**이랴** 소나 말을 몰 때 내는 소리.

---

1 ㉠에 들어갈 내용입니다. 이 희곡에 나오는 인물 두 사람을 쓰세요.

인물

2

돌쇠의 성격을 알 수 있는 낱말을 앞 글에서 찾아 쓰세요.

		름	ㅂ	ㅇ

3

이 이야기를 정리했습니다. 틀린 것을 고르세요.

① 돌쇠는 집을 나와서 노인을 만났다.

② 노인은 돌쇠에게 소머리 탈을 팔았다.

③ 돌쇠는 황소가 되었다.

④ 노인은 황소를 끌고 소 시장에 가려고 집을 나섰다.

⑤ 자신은 소가 아니라며 돌쇠는 몸부림쳤다.

4

연극을 하려고 쓴 글을 희곡이라고 합니다. 희곡에서 괄호 안의 말로, 인물의 표정이나 몸짓, 목소리 등을 알려 주는 부분을 무엇이라고 하나요?

① 해설　　　　　　② 대사　　　　　　③ 지문

④ 설명　　　　　　⑤ 묘사

5

이 글을 연극으로 만들기 위해 대화를 나눴습니다. 어울리지 않는 말을 한 사람을 고르세요.

① 서영: 돌쇠가 황소로 변하니까, 황소 탈을 준비해야겠어.

② 준서: 노인 역할을 맡은 사람은 약간 신비로운 느낌이 들도록 분장해야겠어.

③ 은정: 돌쇠는 느릿느릿 행동하고, 순진하게 들리는 목소리로 연기해야 해.

④ 정원: 돌쇠의 마지막 대사는 울면서 소리 지르듯이 표현하면 좋겠어.

⑤ 보람: 돌쇠를 연기하는 사람은 적극적이고 부지런한 모습을 표현해야 해.

1단계 다음 낱말의 뜻을 찾아 줄로 이으세요.

(1) 잔소리 •   • ㉠ 어떤 일을 이루기 위해 몹시 애쓰는 힘.

(2) 안간힘 •   • ㉡ 아침부터 저녁까지 내내.

(3) 온종일 •   • ㉢ 듣기 싫게 자꾸 늘어놓는 말.

2단계 위에서 배운 낱말을 빈칸에 넣어 문장을 완성하세요.

(1) 아버지께서는 ☐☐☐ 가게에서 일하신다.

(2) 인우는 공부하라는 누나의 ☐☐☐ 를 듣고 짜증을 내었다.

(3) 지호는 철봉에서 안 떨어지려고 ☐☐☐ 을 썼다.

3단계 다음 낱말 풀이를 읽고, 밑줄 친 낱말의 뜻을 찾아 번호를 쓰세요.

> 탈   ① 나무, 종이 따위로 사람이나 동물 얼굴을 본 떠 만들어 얼굴에 쓰는 물건.
>
>   ② 뜻밖에 생기는 사고나 문제.

(1) 우리 가족은 탈 없이 여행을 마쳤다.   (   )

(2) 호랑이 탈을 썼더니 호랑이가 된 듯 용기가 생겼다.   (   )

8주
39회

틀린 문제 유형에 표시하세요.

옛날 어느 마을에 아주 넓은 밭이 있었습니다. 그 밭에는 보리, 밀 같은 풀들이 많이 살고 있었습니다.

햇볕이 따뜻한 여름이 되자 풀들은 무럭무럭 자랐습니다. 모두 한가롭게 햇볕을 쬐고 있을 때 메밀이 자신을 잔뜩 뽐내면서 말했습니다.

"난 정말 아름다워. 내 꽃을 봐. 저기 있는 보리나 밀 따위랑 비교가 안 되지."

그때 하늘에서 번개가 번쩍이더니 소나기가 쏟아졌습니다. 하늘에서 떨어지는 굵은 빗방울이 풀들을 세차게 때리기 시작했습니다. 보리가 말했습니다.

"어머나, 소나기야! 모두 어서 고개를 숙여!"

풀들은 화들짝 놀라 고개를 숙이고 꽃잎을 오므린 채 소나기가 멈추기만을 기다렸습니다. 그런데 메밀은 오히려 고개를 더욱 꼿꼿이 세우고 **거만**을 떨었습니다.

"흥, 내가 왜 소나기 따위에 고개를 숙여야 하지?"

"메밀님, 그렇게 소나기를 계속 맞으면 온몸에 상처가 생길 거예요. 거기다가 잘못하면 번개에 맞아 눈이 멀게 될 수도 있다고요. 어서 고개를 숙이세요."

하지만 메밀은 보리의 말을 무시한 채 더욱 거만한 자세로 외쳤습니다.

"어디 한번 덤벼보시지. 아무리 세찬 소나기라도 내 아름다움을 이길 순 없어!"

그 순간, 아주 큰 번개가 쳤습니다. 넓은 밭 전체가 불길에 휩싸인 것만 같았습니다. ㉠ 다른 풀들은 **비명**을 지르며 눈을 꼭 감았습니다.

잠시 후 소나기가 지나가고 해가 다시 나타났습니다. 구름 사이에는 무지개가 선명하게 걸려 있었습니다. 겁에 질려 고개를 숙인 채 눈을 감고 있던 풀들은 서서히 고개를 들어 아름다운 무지개를 바라보았습니다.

그때 어디에선가 **흐느끼는** 소리가 들려왔습니다. 구석에서 메밀이 고개를 푹 숙인 채 울고 있었습니다. 거만하게 머리를 숙이지 않았던 메밀은 소나기를 맞아 얼굴에 큰 상처가 생겼습니다. 거기에 번개가 쳤을 때 눈까지 멀어 무지개조차 볼 수 없게 되었습니다.

– 안데르센

거만 잘난 체하며 남을 낮추어 보거나 하찮게 여기는 데가 있음. 倨 거만할 거 慢 거만할 만   **비명** 일이 매우 위급하거나 몹시 두려움을 느낄 때 지르는 소리. 悲 슬플 비 鳴 울 명   **흐느끼는** 몹시 서럽거나 감격스러워 흑흑 소리를 내며 우는.

1

배경

이 글의 장소와 계절이 알맞게 짝지어진 것을 고르세요.

	장소	계절
①	밭	여름
②	밭	겨울
③	밭	봄
④	논	여름
⑤	논	겨울

2

제목

이 글의 주인공을 빈칸에 넣어 제목을 완성하세요.

거만한 ☐ ☐

3

내용
파악

이 글을 정리했습니다. 옳은 문장을 고르세요.

① 보리는 다른 풀들을 무시하면서 거만을 떨었다.

② 메밀은 소나기가 쏟아지자 고개를 숙였다.

③ 비가 세차게 내려 모든 풀들의 얼굴에 상처가 생겼다.

④ 보리는 세찬 비에 맞아 얼굴에 큰 상처가 생겼다.

⑤ 메밀은 눈이 멀어서 무지개를 볼 수 없게 되었다.

4 밑줄 친 ㉠에서 풀들은 어떤 마음이었을까요?

① 기쁨   ② 슬픔

③ 즐거움   ④ 화남

⑤ 무서움

5 이 글의 메밀과 가장 비슷한 성격을 가진 사람은 누구인지 고르세요.

① 친구에게 힘든 일이 생기면 자기 일처럼 나서서 도와주는 형철.

② 친구의 물건도 자신의 것처럼 아껴 쓰는 지연.

③ 자기가 제일 잘생겼다며 친구를 무시하는 현민.

④ 자신이 해야 할 일을 다음으로 미루는 진호.

⑤ 친구와 이야기하는 걸 부끄러워하는 다혜.

6 이 글의 교훈은 '잘난 척하지 말고 겸손하게 행동하자'입니다. 다음 중에서 이 교훈과 가장 어울리는 속담과 그 뜻을 고르세요.

	속담	뜻
①	세 살 적 버릇 여든까지 간다	어릴 때 나쁜 버릇이 들지 않도록 잘 가르쳐야 한다.
②	돌다리도 두들겨 보고 건너라	잘 아는 일이라도 항상 조심해야 한다.
③	벼는 익을수록 고개를 숙인다	훌륭한 사람일수록 더 겸손하다.
④	티끌 모아 태산	작은 것이라도 모이면 나중에 커진다.
⑤	백지장도 맞들면 낫다	쉬운 일이라도 같이 하면 훨씬 쉽다.

어휘력 기르기

1단계 다음 낱말들의 뜻을 알맞게 이으세요.

(1) 거만 •

(2) 비명 •

• ㉠ 잘난 체하며 남을 낮추어 보거나 하찮게 여기는 데가 있음.

• ㉡ 일이 매우 위급하거나 몹시 두려움을 느낄 때 지르는 소리.

2단계 다음 글의 빈칸에 알맞은 낱말을 위에서 찾아 쓰세요.

(1) 나는 너무 놀라서 [　][　] 을 질렀다.

(2) 민정이는 아는 게 많다고 항상 [　][　] 을 떤다.

3단계 다음 사진과 설명에 알맞은 낱말을 앞 글에서 찾아 쓰세요.

구름과 구름, 구름과 땅 사이에서 일어나 하늘이 번쩍이는 현상.

(1) [　][　]

● 2단계 사진 및 광고 출처

쪽수	사진	출처
47	상평통보	https://commons.wikimedia.org/wiki/File:Sangpyeongtongbo_01.jpg
48	자는 말	https://commons.wikimedia.org/wiki/File:A_sleeping_horse_1.JPG
50	황새	https://ko.wikipedia.org/wiki/%ED%99%A9%EC%83%88#/media/%ED%8C%8C%EC%9D%BC:Kounotori_06f4471sv.jpg
	두루미	https://ko.wikipedia.org/wiki/%EB%91%90%EB%A3%A8%EB%AF%B8#/media/%ED%8C%8C%EC%9D%BC:Grus_japonensis_(Aqua_Zoo).jpg
56	서로 다른 색이 모여	한국방송광고진흥공사
116	마더 테레사	https://flickr.com/photos/36277035@N06/5112485225

독해력 비타민

기초편

40회로
완성하는
독해력

초등국어
2단계

정답과 해설

1주차

1회 리듬 악기   8쪽

1. ⑤
2. ④
3. ①
4. ③
5. ②

어휘력 기르기

1단계 (1) ⓒ, (2) ⓛ, (3) ㄱ
2단계 (1) 타악기, (2) 멜로디, (3) 리듬
3단계 (1) ⓛ, (2) ⓒ, (3) ㄹ, (4) ㄱ

2. ① 작은북, ② 소고, ③ 캐스터네츠, ④ 멜로디언, ⑤ 징
   멜로디언은 입으로 바람을 불어 넣으며 건반을 눌러
   소리를 내는 건반 악기다.

3. 타악기는 대부분 가락을 표현하지 못한다. 하지만 실
   로폰, 비브라폰 등은 타악기면서도 가락을 나타낼 수
   있다.

5. ⑤ 실로폰은 틀 위에 놓인 나무토막이나 쇠붙이를 채
   로 때려 소리를 내는 타악기다. 길이가 다른 나무토
   막(쇠붙이)은 길이나 두께에 따라 음을 달리 낸다. 따
   라서 실로폰은 타악기면서 가락 악기다.

2회 꾸며 주는 말   12쪽

1. 꾸며 주는 말
2. ①
3. (1) 둥근
   (2) 무척
   (3) 일찍
   (4) 시원한, 살랑살랑
4. ③
5. (1) △
   (2) △
   (3) ○
   (4) △
   (5) ○
6. (1) 듬뿍
   (2) 쑥쑥
   (3) 예쁜
   (4) 활짝

어휘력 기르기

1단계 (1) ⓛ, (2) ㄱ, (3) ⓒ
2단계 (1) 동작, (2) 성질, (3) 실컷
3단계 (1) 생동감, (2) 자신감

5. (1) '활짝'이 '피었다'를 꾸민다.
   (2) '맛있게'가 '먹었다'를 꾸민다.
   (3) '귀여운'이 '강아지'를 꾸민다.
   (4) '헐레벌떡'이 '달려왔다'를 꾸민다.
   (5) '빨간'이 '고추잠자리'를 꾸민다.

1. ④

2. ⑤

3. ③

4. ③

5. 무인 도서 반납기

6. ④ → ① → ③ → ②

7. ②

어휘력 기르기

1단계 (1) ㉢, (2) ㉡, (3) ㉠

2단계 (1) 대여, (2) 연체, (3) 사서

3단계 (1) 개관, (2) 휴관

---

1. ④ 도서관 이용 규칙을 알려 주는 까닭은, 그 규칙을 알려 준 뒤 잘 지키자고 주장하기 위해서다.

3. ① 책받침: 글씨를 쓸 때에 종이 밑에 받치는, 단단하고 판판한 얇은 판.
  ③ 책갈피: 읽던 곳이나 필요한 곳을 찾기 쉽도록 책의 낱장 사이에 끼워 두는 물건.

7. 학습자들은 정답 외의 행동을 실제로는 하지 말아야 합니다.

1. 4 연 10 행

2. ④

3. ③

4. ②

5. ④

6. ③

7. ⑤

어휘력 기르기

1단계 (1) ㉠, (2) ㉡, (3) ㉢

2단계 (1) 살금살금, (2) 복슬복슬, (3) 살랑살랑

3단계 (1) ③

---

5. ④ 강아지풀은 꽃이 강아지 꼬리처럼 생겨 그렇게 이름이 지어졌다. 이 시의 말하는 이도 강아지풀을 강아지처럼 생각하고 있다. 그래서 2연에서는 강아지풀의 꽃이 바람에 흔들리는 모습을 보고 '꼬리를 살랑살랑' 움직인다고 표현하였다.

6. ② 거듭: 어떤 일을 되풀이하여.
  ④ 연거푸: 잇따라 여러 번 되풀이하여.
  ⑤ 연신: 잇따라 자꾸.

7. ① 대나무, ② 민들레, ③ 억새, ④ 토끼풀

5회 금구슬을 버린 형제 24쪽

1. ⑤
2. ①
3. 우애
4. ②
5. ④
6. ⑤

어휘력 기르기

1단계 (1) ㉡, (2) ㉢, (3) ㉠

2단계 (1) 나루터, (2) 형제, (3) 차지

3단계 (1) 한참, (2) 한창

4. ② 동생은 금구슬을 주운 뒤로 욕심이 생겨 형을 미워했다. 그래서 형을 미워하게 되는 것보다 금구 슬을 버리는 것이 낫다고 생각하여 버렸다.

2주차

6회 소중한 이 28쪽

1. 치아
2. 간니, 영구치
3. ①
4. (1) ○
   (2) ✕
   (3) ✕
   (4) ○
   (5) ✕
5. 이갈이
6. (1) 침 •   • ㉠
   (2) 혀 •   • ㉡
7. (1) 충치
   (2) 칼슘
   (3) 물
   (4) 탄산음료

어휘력 기르기

1단계 (1) ㉡, (2) ㉠

2단계 (1) 소화, (2) 발음

3단계 (1) 부시다, (2) 부수고, (3) 부쉈다, (4) 부셔

3. ① 젖니가 빠진 뒤에 새로 나는 이를 '간니'라고 한 다. 간니는 보통 한번 빠지면 다시 나지 않는다.

5. 두 가지 '이갈이'가 있다.
   이갈이 1: 젖니가 빠지고 간니가 나는 일.
   이갈이 2: 잠잘 때 이를 가는 증상.

7회 함평 나비 대축제 32쪽

1. ⑤

2. ⑤

3. ④

4. ②

5. (1) 함평

　(2) 생태관

　(3) 5

　(4) 8

어휘력 기르기

1단계 (1) ㉢, (2) ㉠, (3) ㉡

2단계 (1) 날갯짓, (2) 특산품, (3) 전시장

3단계 (1) ㉢, (2) ㉠, (3) ㉣, (4) ㉡

2. ⑤ 본문에서는 나비 외에도 하늘소, 사슴벌레 등 다양한 곤충을 만날 수 있다고 소개하였다.

5. (2) '알 – 애벌레 – 번데기 – 나비' 이런 나비의 일생을 배울 수 있는 곳은 생태관이다.

8회 이순신 36쪽

1. 이순신

2. ①

3. 1592, 1598

4. (1) 학

　(2) 13

　(3) 총

5. ③

어휘력 기르기

1단계 (1) ㉢, (2) ㉡, (3) ㉠

2단계 (1) 모함, (2) 유인, (3) 전투

3단계 (1) 왜군, (2) 수군, (3) 수집가, (4) 외가

3. 임진왜란은 1592년 4월에 시작하여 1598년까지 7년 동안 이어졌다. 1597년에 재침략한 것을 따로 '정유재란'이라고 부르기도 한다.

1. 나물

2. ③

3. ②

4. ③

5. ⑤

6.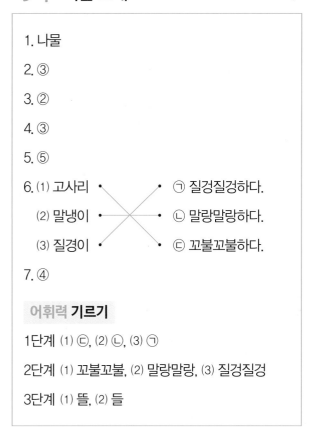
(1) 고사리 •   • ㉠ 질겅질겅하다.

   (2) 말냉이 •   • ㉡ 말랑말랑하다.

   (3) 질경이 •   • ㉢ 꼬불꼬불하다.

7. ④

어휘력 기르기

1단계 (1) ㉢, (2) ㉡, (3) ㉠

2단계 (1) 꼬불꼬불, (2) 말랑말랑, (3) 질겅질겅

3단계 (1) 뜰, (2) 들

4. ①, ④ 같은 글자 수나 낱말이 반복되면 리듬감이 생겨 보통 더 재미있게 읽을 수 있다.

② 나물 이름과 비슷한 낱말들로 재미있게 나타낸 노래다. 나물의 맛을 짐작할 수 있는 가사는 담겨 있지 않다.

7. '솔나무'는 '소나무'의 원말(변하기 전의 말)이다.

1. ②

2. ④

3. ①

4. ④

5. (1) 최 서방 •   • ① 똑똑하고 부끄러움 이 많다.

                  • ② 욕심이 많다.

  (2) 구두쇠 영감 •   • ③ 남을 배려하는 마음 이 크다.

                  • ④ 꾀가 많고 영리하다.

6. ③

어휘력 기르기

1단계 (1) ㉡, (2) ㉢, (3) ㉠

2단계 (1) 서방, (2) 구두쇠, (3) 영감

3단계 (1) 엽전

1. ① 시의 특징이다.

③ 일기의 특징이다.

④ 설명문의 특징이다.

⑤ 논설문의 특징이다.

3. ① 구두쇠 영감은 최 서방이 돈주머니를 흔들어 엽전 소리를 들려준 뜻을 이해하지 못한 채 돈을 받지 못해 화를 내고 있다.

5. (1) 최 서방 – 구두쇠 영감의 꾀를 받아칠 정도로 꾀가 많고 영리하다.

(2) 구두쇠 영감 – 국밥 냄새를 맡은 최 서방에게 돈을 달라고 할 정도로 욕심이 많다.

11회 특이하게 자는 동물들　48쪽

1. ④

2. ⑤

3. (1) 곰, 개구리

　(2) 달팽이, 방울뱀

4. 두발가락나무늘보

5. (1) 두루미　•　•　㉠

　(2) 황새　•　•　㉡

　(3) 두발가락
　　나무늘보　•　•　㉢

　(4) 방울뱀　•　•　㉣

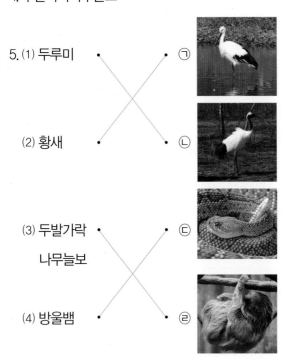

어휘력 기르기

1단계 (1) ㉢, (2) ㉠, (3) ㉡

2단계 (1) 천적, (2) 생존, (3) 사막

3단계 (1) 포유류, (2) 포식자, (3) 자매

4. 두발가락나무늘보와 박쥐는 모두 갈고리처럼 생긴 발톱을 이용하여 잔다. 둘 다 나무에 거꾸로 매달려 잘 수도 있다.

5. 황새와 두루미는 외모가 비슷하다. 몸 대부분에 하얀 깃털이 나 있으며, 다리가 길고 키가 크다. 하지만 차이점도 많다. 황새는 얼굴과 목이 하얗지만 두루미는 검다. 머리도 황새는 하얗지만 두루미는 붉다. 황새 다리는 빨갛지만 두루미는 검다.

1. ④

2. ②

3. (1) 사무직 •   • ㉠ 물품을 대량으로 만드는 일.

   (2) 서비스업 •   • ㉡ 주로 책상에서 문서 등을 다루는 일.

   (3) 제조업 •   • ㉢ 물건을 필요한 곳으로 나르고 판매하는 등의 일.

4. ④

5. ⑤

6. 어촌

7. ③

어휘력 기르기

1단계 (1) ㉡, (2) ㉠, (3) ㉢

2단계 (1) 부두, (2) 주택, (3) 평야

3단계 (1) 등대

3. 서비스업에는 상업, 금융업, 보험업, 운수업, 통신업, 관광업 등이 있다.

6. 사진 속 장소는 염전이다.

7. ① 논, ② 농기계(트랙터), ③ 바다(어업), ④ 비닐하우스

1. ②

2. ⑤

3. 사회

4. ③

5. ④

6. ⑤

7. (1) 사회

   (2) 이해

어휘력 기르기

1단계 (1) ㉢, (2) ㉠, (3) ㉡

2단계 (1) 공익, (2) 사회, (3) 광고

3단계 (1) 틀리다, (2) 다르다

2. '이와 같은 글'이라는 말은 '글의 종류'를 뜻한다. 광고는 글쓴이(제작자)가 어떤 내용을 전하려 하는지를 파악하며 읽는다. 단, 기업의 이익을 위한 광고를 볼 때에는, 그 광고에 과장이나 허위의 내용이 있는지 비판적으로 읽기도 한다.

① 시를 읽는 방법.

②, ③, ④ 동화, 소설 등을 읽는 방법.

1. ①

2. ⑤

3. ⑤

4. 5 연 15 행

5. 음지

6. ①

7. ④

8. ③

어휘력 **기르기**

1단계 (1) 개, (2) 모, (3) 권

2단계 (1) ㉠, (2) ㉢, (3) ㉡

3단계 (1) 빗, (2) 빛

2. ⑤ 말하는 이는 귤에서 받은 느낌을 후각(냄새), 시각(빛), 미각(맛)을 통해 감각적으로 나타내었다.

6. ① 말하는 이는 냄새와 빛과 맛으로 방을 물들이고 있는 귤을 시로 나타내었다.

어휘력 **기르기**

1단계 (2) 모: 두부, 묵 등을 세는 단위.

1. 황금알

2. ③

3. ⑤

4. ② → ⑤ → ④ → ③ → ①

5. 욕심

6. ④

어휘력 **기르기**

1단계 (1) ㉢, (2) ㉡, (3) ㉠

2단계 (1) 보통, (2) 욕심, (3) 기대

3단계 (1) ②, (2) ①

6. ① 참새, ② 비둘기, ③ 갈매기, ④ 거위, ⑤ 닭
거위는 헤엄은 잘 치지만 잘 날지는 못한다. 사람이 고기로 먹기 위해 기러기를 변화시킨 동물이다.

16회 여름철에 조심해야 할 질병 68쪽

1. ③

2. ③

3. 햇볕, 물

4. ④

5. (1) 일사병 •   • ㉠ 배가 아프고, 심하면 토하거나 설사한다.

   (2) 땀띠 •   • ㉡ 몸에 작은 물집이 생기고 굉장히 가렵다.

   (3) 눈병 •   • ㉢ 머리가 아프고 어지럽다.

   (4) 식중독 •   • ㉣ 눈이 빨개지고 눈꺼풀이 붓는다.

6. ②

어휘력 기르기

1단계 (1) ㉡, (2) ㉢, (3) ㉠

2단계 (1) 경련, (2) 재질, (3) 예방

3단계 (1) ①

2. ② 전기문의 목적.

   ③ 설명문의 목적.

   ④ 논설문의 목적.

6. ③, ⑤ 계절과 관계없이 걸릴 수 있다.

   ①, ④ 특히 겨울에 조심해야 할 병이다.

17회 물이 오염되는 까닭 72쪽

1. ①

2. ②

3. (1) ○

   (2) ○

   (3) ×

   (4) ○

4. ⑤

5. (1) 자동차

   (2) 유해

   (3) 빗물

6. ③

7. ③

어휘력 기르기

1단계 (1) ㉢, (2) ㉠, (3) ㉡

2단계 (1) 비료, (2) 폐수, (3) 지하수

3단계 (1) 농업, (2) 농촌

1. ① 설명문: 무엇을 독자가 이해할 수 있도록 쉽게 쓴 글.

   ② 생활문: 일상생활에서 일어난 이야기를 적은 글.

   ③ 기행문: 여행하면서 보고, 듣고, 느낀 것을 적은 글.

   ④ 광고문: 무엇을 널리 알리기 위해 쓴 글.

   ⑤ 일기: 날마다 그날 겪은 일이나 생각, 느낌 등을 적는 글.

7. ③ 음식물 쓰레기를 땅에 묻으면 땅과 지하수가 오염될 수 있다.

18회 자기소개

1. ①

2. 과학자

3. ④

4. ②

5. ⑤

6. ③

7. ④

어휘력 기르기

1단계 (1) ㉠, (2) ㉢, (3) ㉡

2단계 (1) 탐사, (2) 천문, (3) 존경

3단계 (1) 해쳐, (2) 헤쳐

---

6. ① 본문의 내용만으로는 짐작할 수 없다.

② 준비물을 잘 챙겼는지 어머니가 확인하는 것으로 보아 준비물은 평소에 규상이가 챙기는 것으로 짐작할 수 있다.

④ 치킨을 좋아하지만 매일 먹지는 않는다.

⑤ 가장 친한 친구인 은우와는 자주 만나고 있다.

7. ① 탁구, ② 배구, ③ 테니스

19회 눈

1. ④

2. 겨울

3. ②

4. ④

5. ⑤

6. ③

7. ③

어휘력 기르기

1단계 (1) ㉢, (2) ㉠, (3) ㉡

2단계 (1) 붉은, (2) 하얀, (3) 푸른

3단계 (1) ②, (2) ③, (3) ①

---

5. ⑤ 눈을 '선녀님들이' 뿌려 주는 '하얀 솜', '떡가루'로 표현한 것으로 보아 눈을 부정적으로 여기지는 않는 것으로 볼 수 있다.

6. ① 악보 맨 앞에 박자 표시가 있다. $\frac{4}{4}$는 '4분의 4박자'라고 읽는다.

② 이 노래는 계이름 '미'로 시작한다.

④ '펄-펄'에서 2분음표가 한 번 나온다.

⑤ 이 노래에는 8분쉼표가 나오지 않는다.

20회 소금 장수와 기름 장수 84쪽

1. ④
2. (1) ○
   (2) ✕
   (3) ✕
   (4) ✕
   (5) ○
3. ①
4. 가마니
5. ③
6. ②
7. ②

1단계 (1) ㉠, (2) ㉡, (3) ㉢

2단계 (1) 쩍쩍, (2) 콸콸, (3) 펄쩍펄쩍

3단계 (1) ①, (2) ②

2. (2) 소금 장수는 어느 날 아침에 호랑이에게 잡아먹
   혔다.
   (3) 등잔에 불을 켠 사람은 기름 장수다.
   (4) 소금 장수와 기름 장수는 호랑이를 들고 마을로
   내려왔다.

3. ① 등잔
   ② 양초
   ③ 횃불

5주차

21회 겨울눈 88쪽

1. ⑤
2. (1) 겨울잠
   (2) 털갈이
3. (1) 겨울
   (2) 가을
4. (1) ○
   (2) ✕
   (3) ✕
   (4) ○
5. ④
6. ③
7. (1) 끝눈
   (2) 곁눈
   (3) 겨드랑눈

어휘력 **기르기**

1단계 (1) ㉡, (2) ㉠, (3) ㉢

2단계 (1) 비늘, (2) 가지, (3) 싹

3단계 (1) 털갈이, (2) 이듬해, (3) 화해

6. ③ 섞인눈은 꽃이 될 부분과 잎이 될 부분이 함께
   들어 있는 눈이다. 눈 안의 내용물로 나눈 종류 중
   하나다. 생기는 위치에 따라 나눈 종류에는 끝눈,
   곁눈, 겨드랑눈, 막눈이 있다.

1. ③

2. ①

3. ⑤

4. (1) 나무

   (2) 돌

5. ④

6. ②

7. (1) 까만색

   (2) 하얀색

   (3) 파란색

   (4) 빨간색

어휘력 기르기

1단계 (1) ⓛ, (2) ㉠, (3) ㉢

2단계 (1) 어귀, (2) 곤지, (3) 제사

3단계 (1) 전염병, (2) 전래, (3) 병원

2. 여자 장승을 부르는 말에는 '지하대장군, 지하여장군, 하원대장군'이 있다.

5. 다섯 번째 문단, 장승을 세우는 두 번째 까닭을 통해 알 수 있다.

6. 다섯 번째 문단, 장승을 세우는 첫 번째 까닭을 통해 알 수 있다. 나쁜 기운이나 전염병을 뿌리고 다니는 귀신을 막아 달라고 장승을 설치하고 제사를 지낸다.

1. ⑤

2. 행복동

3. ②

4. 미끄럼틀

5. ③

6. (1) 어떤 사람이 다른 사람의 돈과 물건을 훔치고 있다. · —— · ㉢ 경찰 112

   (2) 건물에 불이 났다. · —— · ㉠ 119 안전 신고 센터 119

   (3) 불량 식품을 만들어 팔고 있다. · —— · ⓛ 식품 의약품 안전처 1399

어휘력 기르기

1단계 (1) ⓛ, (2) ㉠, (3) ㉢

2단계 (1) 공개, (2) 안심, (3) 여부

3단계 (1) 이음매, (2) 게시판, (3) 켜고

어휘력 기르기

3단계 (1) 이음새: 두 물체를 이은 모양새.

'두 물체를 이은 자리'의 뜻으로 쓸 때에는 '이음매'라고 적어야 한다.

(3) 키다: 한꺼번에 많이 마셔지다. '켜이다'의 준말.

'전기 제품을 작동하게 만들다'의 뜻으로 쓸 때에는 '켜다'라고 적어야 한다.

1. ①

2. ③

3. ③

4. ④

5. 뱃심

6. ①

7. ⑤

어휘력 기르기

1단계 (1) ㉃, (2) ㉠, (3) ㉣, (4) ㉢

2단계 (1) 몸뚱이, (2) 교장

3단계 (1) ④

---

6. 바람 같은 무생물을 생물(사람, 동물 등)처럼 나타
내는 방법을 '활유법'이라고 한다. 이 시에서는 다
음과 같이 활유법이 쓰이고 있다.
- 이후후 소리치며
- 교장 선생 모자를 벗겨 가지요
- 뱃심 좋아요
- 얼음같이 차디찬 손 벌리고 와서
- 만져 보려고
- 들치곤 해요

7. ⑤ 말하는 이는 바람을 나쁜 존재로 생각하지 않는
다. 오히려 우습고 재미있게 여기고 있다.

---

1. ②

2. 염소 → 거위 → 닭

3. ⑤

4. ②

5. ④

6. ③

어휘력 기르기

1단계 (1) ㉠, (2) ㉢, (3) ㉡

2단계 (1) 자루, (2) 곡식, (3) 낟알

3단계 (1) 걸음, (2) 거름

---

3. ⑤ 농부는 자신이 소유한 동물을 그것보다 값이 싼
물건들과 바꾸었다. 농부가 말보다 값싼 젖소와 맞
바꾸자고 했을 때, 남자는 손해 볼 게 없으니 얼른
젖소를 내주었다. 또 염소, 거위, 닭, 썩은 사과와
바꿀 때에도 농부는 자신이 가진 것보다 값이 싼
물건과 바꾸었다.

4. ② 농부는 썩은 사과를 팔지 않고 집으로 가져왔
다.

5. ④ 농부의 아내는 남편이 한 일에 긍정적으로 반응
했다. 특히, "당신이 하는 일은 모두 옳아요."라는
말에서 아내가 남편을 신뢰한다고 짐작할 수 있다.

6. ③ 농부는 신사에게 금화가 많다는 사실을 알지 못
했다.

26회 속담 108쪽

1. ②

2. ③

3. (1) 돌다리도 두들 •   • ㉠
겨 보고 건너라

  (2) 말이 씨가 된다 •   • ㉡

  (3) 가는 말이 고와 •   • ㉢
야 오는 말이
곱다

  (4) 닭 잡아먹고 오 •   • ㉣
리발 내놓기

4. ③

5. ②

6. ②

어휘력 기르기

1단계 (1) ㉠, (2) ㉢, (3) ㉡

2단계 (1) 교훈, (2) 조상, (3) 비유

3단계 (1) ①, (2) ②, (3) ②

4. ③ "누워서 떡 먹기"는 음식을 소재로 한 속담이다.

27회 왜 추우면 소변이 더 마려울까? 112쪽

1. ⑤

2. (1) 콩팥

  (2) 방광

3. ④

4. ③

5. ③

6. ②

7. ①

어휘력 기르기

1단계 (1) ㉢, (2) ㉡, (3) ㉠

2단계 (1) 콩팥, (2) 방광, (3) 배출

3단계 (1) 양, (2) 량

3. ④ 운동으로 땀을 많이 흘리면 우리 몸은 수분 유지를 위해 소변을 적게 만든다. 따라서 소변이 덜 마려워진다.

28회 | 마더 테레사 116쪽

1. 마더 테레사

2. (1) ○

   (2) ×

   (3) ○

   (4) ×

   (5) ○

3. ③

4. 노벨 평화상

5. ①

6. (1) 마케도니아

   (2) 수녀

   (3) 사랑의 선교회

   (4) 노벨 평화상

어휘력 기르기

1단계 (1) ⓒ, (2) ⓐ, (3) ⓑ

2단계 (1) 설립, (2) 봉사, (3) 수녀

3단계 (1) ① 보육원, ② 수녀원

      (2) ① 급식소, ② 진료소

3. 이 글은 전기문이다. 전기문에는 인물의 생애와 업적 등을 사실적으로 기록한다.

29회 | 들강달강 120쪽

1. ④

2. (1) 서울

   (2) 되

   (3) 선반

   (4) 한

3. ③

4. (1) 누나

   (2) 오빠

   (3) 너, 나

5. ⑤

6. ③

어휘력 기르기

1단계 (1) ⓒ, (2) ⓐ, (3) ⓑ

2단계 (1) 들락날락, (2) 올랑졸랑, (3) 알공달공

3단계 (1) 되, (2) 톨

1. ③ 본문은 전래 동요, 즉 노래의 가사다. 노래는 멜로디와 박자에 맞추어 불러야 하므로 가사는 박자에 맞추어 쓰는 것이 좋다. 들강달강은 한 행이 일곱 글자나 여덟 글자로 이루어져 있다. 한 행을 두 부분으로 나누어 읽으면 박자감을 느낄 수 있다.

3. ① 날밤: 익히거나 말리지 않은 밤.

   ② 군밤: 불에 구워 익힌 밤.

   ①, ②는 많이 쓰여 한 낱말이 되었다.

6. ①, ⑤ 밤 한 톨을 커다란 가마솥에 삶아 먹는다거나, 껍질은 누나와 오빠에게 주고 알맹이는 친구와 나누어 먹는다는 내용에서 재미와 우스움을 느낄 수 있다.

   ② 서울까지 가서 밤을 사 왔는데 생쥐가 거의 다

먹어 한 톨밖에 남지 않았다는 부분에서 안타까움을 느낄 수 있다.

④ 한 톨밖에 남지 않은 밤을 둘이서 나누어 먹으려는 모습에서 정다움을 느낄 수 있다.

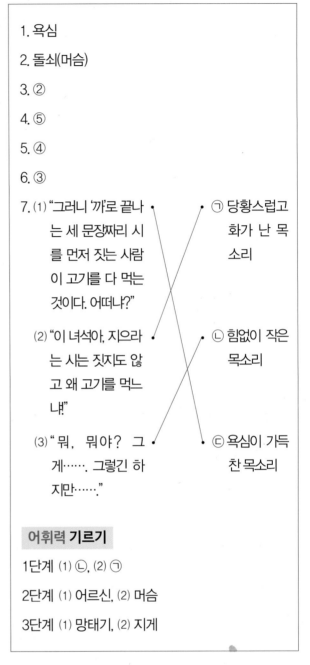

30회 꾀 많은 머슴 124쪽

1. 욕심

2. 돌쇠(머슴)

3. ②

4. ⑤

5. ④

6. ③

7. (1) "그러니 '까'로 끝나는 세 문장짜리 시를 먼저 짓는 사람이 고기를 다 먹는 것이다. 어떠냐?" ━ ㉠ 당황스럽고 화가 난 목소리

(2) "이 녀석아, 지으라는 시는 짓지도 않고 왜 고기를 먹느냐!" ━ ㉡ 힘없이 작은 목소리

(3) "뭐, 뭐야? 그게……. 그렇긴 하지만……." ━ ㉢ 욕심이 가득 찬 목소리

어휘력 기르기

1단계 (1) ㉡, (2) ㉠

2단계 (1) 어르신, (2) 머슴

3단계 (1) 망태기, (2) 지게

4. ⑤ ㉡의 다음 줄의 '부자는 돌쇠가 주는 고기를 먹었습니다.'를 보고 짐작할 수 있다.

5. ④ 꿩고기를 혼자서 다 먹으려고 시를 짓자고 한 모습을 통해 짐작할 수 있다.

31회 다양한 가족　　128쪽

1. ③

2. ④

3. ⑤

4. 독신

5. ④

6. ②

7. ③

어휘력 기르기

1단계 (1) ㉠, (2) ㉡, (3) ㉢

2단계 (1) 일손, (2) 친밀감, (3) 구성원

3단계 (1) ⑤

---

1. 제목을 묻는 문제에서는 글 전체 내용을 대표하는 것을 답으로 찾는다. 본문은 확대 가족, 핵가족뿐 아니라 조손 가족, 다문화 가족 등 다양한 가족 형태를 설명하고 있다.

3. ① 본문의 내용으로는 알 수 없다.
　③, ④ 확대 가족에 대한 설명이다.

6. ② 명권이네는 원래 명권이와 부모님만 같이 사는 핵가족이었다. 하지만 할머니와 할아버지도 함께 살게 되면서 확대 가족이 되었다.

7. ③ 결혼이나 출산 외에 입양으로도 가족 구성원이 될 수 있다.

어휘력 기르기

3단계 ① 직계 가족: 친자 관계를 이루는 가족.
　　　② 이산가족: 남북 분단 등의 사정으로 흩어져 서로 소식을 모르는 가족.
　　　③ 부양가족: 자기가 돌보고 있는 가족.
　　　④ 유가족: 죽은 사람의 남은 가족.

1. ③

2. (1) 태양 •   • ㉠

   (2) 흙 •   • ㉡

   (3) 물 •   • ㉢

   (4) 공기 •   • ㉣

3. (1) ○

   (2) ×

   (3) ×

   (4) ○

   (5) ○

4. 광합성

5. ②

6. ⑤

7. 숨구멍

어휘력 **기르기**

1단계 (1) ㉡, (2) ㉢, (3) ㉠

2단계 (1) 생장, (2) 운반, (3) 분해

3단계 (1) 무생물, (2) 미생물

1. ①

2. 제주도

3. ④ → ① → ② → ③

4. 알뜨르 비행장

5. ④

6. ⑤

어휘력 **기르기**

1단계 (1) ㉡, (2) ㉢, (3) ㉠

2단계 (1) 제출, (2) 폭포, (3) 물보라

3단계 (1) 공항, (2) 교내

1. ② 일기, ③ 설명문, ④ 논설문, ⑤ 수필

5. ④ 이중섭 미술관은 천지연 폭포 근처에 있다.

5. ② 식물을 포함한 생물은 산소가 없으면 살 수 없다. 식물은 광합성을 통해 산소를 내보낸다. 따라서 식물이 많은 숲에서는 산소가 많이 생겨나 지구 생물이 살 수 있게 한다. 이런 상황을 한마디로 나타낸 것이 '숲은 지구의 허파다'라는 말이다.

7. 잎의 숨구멍을 '기공'이라고도 한다. 잎의 뒷면에 많고 줄기의 겉껍질 등에도 존재한다.

34회 거짓부리

140쪽

1. ③

2. ④

3. ③

4. 검둥이, 암탉

5. ②

6. ④

7. ⑤

어휘력 기르기

1단계 (1) 거짓말, (2) 검둥이

2단계 (1) 거짓부리, (2) 검둥이

3단계 (1) 암탉, (2) 수탉

2. ④ 1연 4행의 '밤은 깊고 날은 추운데'와 2연 7행의 '대낮에'를 통해 알 수 있다.

3. 대낮: 환히 밝은 낮.

7. ② 2연 '달걀 낳았다. / 간난아 어서 집어 가거라'

③ 1연 '똑, 똑, 똑,', 2연 '꼬끼요, 꼬끼요,'

④ 1연 4행부터 8행까지 나타난다.

⑤ 간난이가 강아지와 암탉의 행동에 오해한 것이 이 시의 내용이다.

35회 거인의 정원

144쪽

1. ②

2. (1) 정원

(2) 팻말

(3) 겨울

(4) 봄

3. ④

4. ③

5. ③

6. 아이들

어휘력 기르기

1단계 (1) ㉢, (2) ㉠, (3) ㉡

2단계 (1) 정원, (2) 고함, (3) 담장

3단계 (1) 팻말, (2) 덮었어요, (3) 돋아났어요

4. ③ 담장에 난 작은 구멍으로 아이들이 들어온 뒤 나무가 꽃을 피우고, 새들이 날아들고, 잔디가 돋아나는 부분을 통해 알 수 있다.

5. ③ 거인이 아이를 나무에 앉혀 주는 모습, 담장을 걷어 내는 모습, 아이들이 정원에서 뛰어놀 수 있게 하는 모습을 통해 거인이 후회하고 있음을 짐작할 수 있다.

36회 띄어쓰기 148쪽

1. ④

2. ③

3. 선생님께서∨은주,∨선우,∨정태를∨부르셨다.

4. (1) 나무가∨좋다

   (2) 나∨무가∨좋다.

5. (1) 어머니께서

   (2) 두 권

   (3) 누나처럼

   (4) 귤이다

   (5) 파란색 물감

6. ⑤

어휘력 기르기

1단계 (1) ㉡, (2) ㉢, (3) ㉠

2단계 (1) 단위, (2) 낱말, (3) 사물

3단계 (1) ㉢, (2) ㉠, (3) ㉡

6. 다음과 같이 띄어 써야 합니다.

① 강물이 보석처럼 반짝였다.

② 우리 가족은 모두 다섯 명이다.

③ 현우는 세정이에게 연필 한 자루를 빌렸다.

④ 우리나라는 봄, 여름, 가을, 겨울 사계절이 뚜렷
하다.

37회 무지개 이야기 152쪽

1. ②

2. ③

3. (1) ×

   (2) ○

   (3) ×

   (4) ○

   (5) ×

4. ④

5. (1) 반대쪽

   (2) 저녁

   (3) 동쪽

어휘력 기르기

1단계 (1) ㉡, (2) ㉠

2단계 (1) 굴절, (2) 반사

3단계 (1) 분무기, (2) 기지개, (3) 무지개

3. (1) 쌍무지개의 바깥쪽 무지개는 바깥쪽부터 '보남
파초노주빨'로 색깔이 나타난다.

   (3) 쌍무지개는 무지개 바깥쪽에 더 큰 무지개가 하
나 더 생기는 것이다.

4. 본문의 세 번째 문단을 참고한다.

5. (1) 본문의 첫 번째 문단을 참고한다.

   (2) 무지개는 태양의 반대쪽에 습기가 많을 때 잘
나타난다.

   (3) 공기 중의 습기는 바람을 타고 이동한다. 우리
나라에는 편서풍이 분다.

   편서풍: 위도 30~65도 사이의 중위도 지방에서
일 년 내내 서쪽에서 동쪽으로 치우쳐 부는 바람.

어휘력 기르기

1단계 빛의 굴절이란 다른 물질의 경계면에서 빛의 경로가 꺾이는 현상이다. 물에 잠기지 않는 부분은 공기, 물에 잠긴 부분은 물로 빛이 전달되기 때문에 그 경계에서 막대가 끊어진 것처럼 보인다.

1. 지우개

2. 우 임금, 후직 임금, 안회

3. ②

4. ③

5. ④

6. ⑤

7. ①

어휘력 기르기

1단계 (1) ㉠, (2) ㉢, (3) ㉡

2단계 (1) 백성, (2) 임금, (3) 근처

3단계 (1) ㉡, (2) ㉠, (3) ㉢

6. 이 글의 주제인 '역지사지'의 뜻을 생각해 본다.

7. ① 한 가지 일을 해서 두 가지 이익을 본다는 뜻을 지닌 말이 필요한 상황이다. 이런 뜻을 가진 말로는 '일석이조', '일거양득' 등이 있다.

39회 소가 된 게으름뱅이 160쪽

1. 돌쇠, 노인
2. 게으름뱅이
3. ②
4. ③
5. ⑤

어휘력 기르기

1단계 (1) ⓒ, (2) ㉠, (3) ⓛ
2단계 (1) 온종일, (2) 잔소리, (3) 안간힘
3단계 (1) ②, (2) ①

4. 희곡의 3요소: 해설, 대사, 지문

① 해설: 등장인물, 무대 장치, 배경 등을 설명.

② 대사: 배우가 하는 말.

⑤ 묘사: 어떤 대상을 마치 눈에 보이는 것처럼 언어로 자세히 설명하는 표현 방법.

5. ② 노인은 소머리 탈과 소가죽으로 사람을 황소로 만드는 신비한 능력을 지녔다.

40회 거만한 메밀 164쪽

1. ①
2. 메밀
3. ⑤
4. ⑤
5. ③
6. ③

어휘력 기르기

1단계 (1) ㉠, (2) ⓛ
2단계 (1) 비명, (2) 거만
3단계 (1) 번개

5. ③ 메밀은 자신이 가장 아름답다며 거만하게 미모를 자랑했다. 게다가 보리가 메밀을 걱정하여 고개를 숙이라고 하였지만 그 말을 무시하였다.

독해력 비타민 기초편 2단계

독해력 비타민 기초편